新版

テル＆Bar手帖

監修　渡辺一也（京王プラザホテル）

カクテルの歴史は古く、その始まりは古代ローマまで遡ると言われています。そして、時代が進化するたびに、カクテルは形や姿を変えてきました。

　また、カクテルはバーテンダーが生み出す歴史と背景を持った芸術作品であるとともに、人と人との距離を近づけ、語り合う喜びを与え、人生のさまざまなシーンを彩る存在であると思います。

　本書では、知っておきたい基本的な知識と、おすすめのカクテルを厳選して紹介しています。伝統的なカクテル、また、時代を反映したカクテルを是非、バーのカウンターやご自宅で楽しんでいただければ幸いです。

監修・渡辺一也

オールド ファッションド　　>> p.136

ギムレット　　>> p.32

Barで飲みたいスタンダードカクテル

カクテル＆Bar初心者の方に、是非覚えておいてほしいスタ
ンダードカクテル5選。注文に困ったときは、まずはこれを
オーダーしてみよう。

ミモザ　>>p.200

ジン トニック　>>p.36

マルガリータ　>>p.119

新版 厳選カクテル&Bar手帖

▌ジンベース ——————————————— 23

▌ウオッカベース ——————————— 61

本書の特徴と使い方

○本書では、数あるカクテルの中から厳選した180種類を紹介しています。
○オーダーするときの目安になる、アルコール度数とテイストを一目でわかるよう表示しました。
○レシピ付きなので、自分で作ることができ、味の想像もできます。
○それぞれのカクテルにはしっかり解説を付けました。由来などのストーリーも愉しめます。
○ベースとなるスピリッツ（蒸留酒）の代表的な銘柄や、よく使われるリキュールの銘柄なども紹介。バーでのうんちく、自分で作る際の参考にしてください。

カクテル名

材料
容量は基本的に㎖で表記。それ以外の単位は以下の通り。
・1tsp. ＝バースプーン1杯分
　　　　＝約5㎖
・1dash ＝ビターズボトル1ふり分
　　　　＝約1㎖
・1drop ＝ビターズボトル1滴分
　　　　＝約⅙㎖
・glass ＝使用するグラスの容量

作り方

アルコール度数
アルコール度数の目安。氷から出る水分は加味していません。また、使用する酒や材料などで異なってきます。

テイスト
カクテルの味わいを、辛口、中辛口、中口、中甘口、甘口の5段階で表示。一般的な評価であり、味わいの感じ方には個人差があるので、目安としてください。

カクテルの由来や材料の解説、風味の特徴など。

適したグラス
そのカクテルに適した代表的なグラスの種類。コリンズグラスとは、背が高く口径が小さいもの。

技法
カクテルの作り方の技法は4つに分けられます。くわしくは、p.16〜21を参照ください。
・ステア　ミキシンググラスで混ぜる
・シェーク　シェーカーで振って混ぜる
・ビルド　グラスに直接材料を注いで混ぜる
・ブレンド　ブレンダーで撹拌する

※本書で掲載したデータは、すべて2021年9月30日現在のものです。

誰でも手軽に作れる
定番カクテル5 〜お家Barを楽しもう

お店でカクテルをたしなむのもいいけれど、自宅でカクテル作りを楽しみたい！ そんなあなたにおすすめの定番カクテルを5つご紹介。材料や道具を用意して、早速チャレンジしてみよう。

1

ソルティ ドッグ

ウオッカとグレープフルーツジュースが相性抜群な、スノースタイルの定番カクテル。
ベース／ウオッカ　>>p.72

Salty Dog

Mojito **2**

モヒート

ミントの清涼感が爽やかで、身も心もリフレッシュさせてくれる1杯。
ベース／ラム　>>p.108

Whisky Soda

3

ウイスキー ソーダ

ウイスキー×ソーダのシンプル
な組み合わせで、日本では
「ハイボール」として人気。
ベース／ウイスキー　>>p.134

Spumoni

4

スプモーニ

カンパリ×グレープフルーツジ
ュースにトニックウォーターを
加えた、軽やかな1杯。
ベース／リキュール　>>p.182

Bellini

5

ベリーニ

ピーチネクターとスパークリン
グワインの上品な甘さと、華や
かな色合いが魅力。
ベース／ワイン　>>p.200

カクテルとは？

カクテルとは一般的に、ベースとなる酒に、ほかの酒やジュースなどを混ぜて作るミックスドリンクのことを指す。また、アルコールの入っていないミックスドリンクもカクテルに分類される。

酒（ベース）

ベースとなる酒は、ジンやテキーラなどの度数の高い蒸留酒（スピリッツ）が多い。それぞれの個性により相性のよい副材料がある。

＋

副材料

ジュースや炭酸飲料などの割り材や、果汁やシロップ、ハーブといった、風味づけや味のアクセントに使われるものがある。

＝ **カクテル**

カクテルの分類

カクテルは「飲み干す時間」「温度」「TPO」で分けることができる。そのときの気分やシーンに合わせてチョイスすることで、カクテルの味わいや奥深さを、より楽しむことができるだろう。

| 分類 1 | 〔飲み干す時間〕 | カクテルは飲み干すまでの時間で2種類に分けられる。短時間で飲むものをショートドリンク、時間をかけて飲むものをロングドリンクという。 |

ショートドリンク
時間が経つと味が落ちやすいため、時間をかけずに飲みたいドリンク。カクテルグラスなど脚つきのグラスに注がれることが多い。

ロングドリンク
時間をかけて味わいたいドリンク。大型のグラスで作られることが多く、温度により「コールドドリンク」と「ホットドリンク」に分けられる。

| 分類 2 | 〔温度〕 | ロングドリンクには、氷を入れて冷たい状態で飲むコールドドリンクと、熱湯やホットミルクを入れて温かい状態で飲むホットドリンクがある。 |

コールドドリンク
大型のグラスに氷などを入れた、冷たいドリンク。夏に最適なので、サマードリンクとも言われる。温度の目安は6〜12℃くらい。

ホットドリンク
耐熱のグラスに熱湯などを入れた、温かいドリンク。冬に最適なので、ウィンタードリンクとも言われる。温度の目安は62〜67℃くらい。

| 分類 3 | 〔TPO〕 | カクテルは飲む時間や場所、目的でも分類される。日本では食前・食後酒、時間を問わず飲めるオールデイカクテルの3種類が一般的だ。 |

食前酒
食前に喉を潤し、食欲を増進させる目的で飲まれる。さっぱりしたものが多い。
マティーニ>>p.46、
マンハッタン>>p.143など

食後酒
食後の口直しや、消化促進の目的で飲まれる。甘く濃厚な風味のものが多い。
ラスティネイル>>p.145、
グラスホッパー>>p.180など

オールデイカクテル
食前、食後に関係なく、いつ飲んでもOKという意味のカクテル。
ジントニック>>p.36、
マルガリータ>>p.119など

11

カクテルの材料

カクテルは基本的に「酒」と「副材料」で構成される。

ジン　ウオッカ　　テキーラ　　　ブランデー　　　リキュール
　　　　　　ラム　　　ウイスキー

ベースとなるスピリッツ（蒸留酒）やリキュールのほか、風味づけなどで用いられるものがある。まず、ベースになる酒を紹介しよう。

ジン　　>> p.24
大麦、ライ麦、トウモロコシなどを原料にした蒸留酒で、ジュニパーベリーの爽やかな香味が特徴。キレのあるドライジンが主流。

テキーラ　　>> p.110
アガベ・アスール・テキラーナという竜舌蘭の茎を原料にした蒸留酒。メキシコの5つの州でつくられたもののみテキーラと名乗ることができる。

リキュール　　>> p.166
蒸留酒にハーブやフルーツ、ナッツ、クリームなどで風味をつけた混成酒。カクテルではベース以外の風味づけにも多く使われる。

ウオッカ　　>> p.62
大麦、小麦、ジャガイモなどを原料にした蒸留酒で、白樺やアカシアの活性炭で濾過したまろやかな口当たりと、クセがないのが特徴。

ウイスキー　　>> p.130
大麦、ライ麦、トウモロコシなどを原料にした蒸留酒。スコットランドでつくられるスコッチ、アメリカ生まれのバーボンなどがある。

ワイン　　>> p.194
ビール　　>> p.194
ワインは主にぶどうを発酵させた醸造酒で、赤、白、ロゼなどがある。ビールは大麦の麦芽と水、ホップを主原料にした醸造酒。

ラム　　>> p.94
サトウキビを原料にした蒸留酒で、西インド諸島の原産。風味の強さにより、ライト、ミディアム、ヘビーに分かれる。

ブランデー　　>> p.148
白ぶどうのワインを蒸留、樽で発酵させた蒸留酒。りんごやさくらんぼなど、ぶどう以外の果物でつくるフルーツブランデーもある。

日本酒　　>> p.194
焼酎　　>> p.194
日本酒は米と米麹、水を原料にした醸造酒。焼酎は麦、いも、そばなどを原料にした日本の蒸留酒。沖縄の泡盛も焼酎の一種。

ワイン　　　　　　　　　　ビール　日本酒　焼酎

 副材料の中でも、冷たいカクテルを作るのに不可欠な材料。
大きさや形などで以下のような呼び名がある。

ランプオブアイス

アイスピックを使って、大きな氷をこぶしより少し小さいサイズに削ったもの。オンザロックなどに使う。

クラックドアイス

大きい氷を3〜4cm大に砕いたもの。カクテル作りでは、シェークやステアなどに使うため、使用頻度が高い。

クラッシュドアイス

細かく、粒状にしたもの。フローズンタイプのカクテルや、ジュレップなどに使う。

キューブドアイス

製氷機でつくった3cm角ほどの立方体の氷。

カクテルには酒以外にも、飲みやすくする割り材、風味づけやデコレーションのためのフルーツやハーブなどが使われる。

水、炭酸飲料

主に、ベースの酒を割るのに用いる。炭酸ガスを含んだ無味無臭のソーダ、ほのかな苦みと甘みのあるトニックウォーター、しょうがやカラメルなどで香味づけしたジンジャーエール、コーラなどが使われる。

フルーツジュース

ベースの酒を割ったり、風味づけのために用いる。レモン、ライム、グレープフルーツ、オレンジ、パイナップルがよく使われる。市販の100%のものか、生のフルーツをしぼって使う。

シロップ類、塩、砂糖

甘みをつけるために用いるシロップ類。グラニュー糖を溶かしたシュガーシロップやガムシロップ、ザクロの果汁と砂糖を煮詰めたグレナデンシロップが用いられる。塩と砂糖はスノースタイル（→p.22）に使われる。

乳製品

割り材や風味づけに用いる。主に牛乳と生クリームが使われる。

フルーツ、野菜

デコレーションや風味づけに用いられる。レモン、ライム、オレンジは輪切りやくし型切りのほか、皮をそいで風味づけにしぼるピールとしても使う。パイナップルはトロピカルカクテルのデコレーションに欠かせない。セロリやきゅうりはスティック状にしてマドラー代わりに添えられる。

ハーブ・スパイス類

デコレーションや風味づけに用いられる。特に清涼感のあるミントの葉は、ジュレップやモヒートにたっぷり入れるほか、デコレーションでもよく使われる。ナツメグ、クローブ、シナモンなどのスパイスは生クリームや牛乳入りのカクテルに使われる。

チェリー、オリーブ、パールオニオン

主にデコレーションとして用いられる。色鮮やかなチェリーは、シロップに漬け込んだもので、赤はマラスキーノチェリー、緑はミントチェリーという。マティーニなどに使われるオリーブは塩漬け、ギブソンに使われるパールオニオンは小粒の玉ねぎの酢漬けのこと。それぞれ瓶詰めなどで売られている。

カクテルの道具

シェーカーをはじめ、カクテルには専用の独特な道具がある。

メジャーカップ

酒やシロップなどの液体を計量するのに使う。30㎖と45㎖が対になっている。

小
30㎖

大
45㎖

トップ
ストレーナー
ボディ

シェーカー

シェークするのに使う。さまざまな大きさがある。ボディに材料と氷を入れ、ストレーナーとトップでふたをしてシェークし、トップを外して液体だけを注ぐ。

ストレーナー

液体だけを注げるようミキシンググラスにかぶせて使う。シェーカーのストレーナーと同じ役目をするもの。取っ手のような部分は外すときに使う。

ミキシンググラス

氷と材料を入れて混ぜるための大型のグラス。主にステアの際に使われる。

バースプーン

反対側にフォークがついている長めのスプーン。スプーンは液体の計量や混ぜるときに、フォークはチェリーなどを瓶から取り出す際に使う。

ペストル

グラスやシェーカーの中で、フルーツやミントの葉などをつぶすためのもの。

ブレンダー

氷にも使えるミキサー。フローズンスタイルのカクテルを作るときなどに使う。

ビターズボトル

ビターズ（→p.191）を入れるための専用のボトル。ひと振りが1dash、傾けて落ちる1滴が1dropと表される。

カクテルの技法

カクテルの作り方には4つの技法がある。すべての動作には理由があり、各バーテンダーならではの工夫、考え方もあらわれる。カウンターで、その動作、技術に注目するのも、バーならではの愉しみのひとつだ。

ステア で作る

マティーニ

　比較的混ざりやすい材料を、風味を損なわないよう、手早く混ぜる方法。マティーニやマンハッタンなどがこの手法。酒の味、強さを生かすための作り方だ。氷が溶けると水っぽくなるから、氷を洗って面取りすること、氷が砕けないようにスプーンを出し入れし、混ぜることがポイントだ。

<材料>
ドライジン … 50㎖
ドライベルモット … 10㎖
スタッフドオリーブ … 1個

<道具>
ミキシンググラス
ストレーナー
メジャーカップ
バースプーン
カクテルグラス

POINT

・風味を逃がさないよう、手早く静かに混ぜる。
・混ぜる際は力を入れず、氷の回転力を利用して混ぜる。

1 ミキシンググラスの6分目まで氷を入れる。

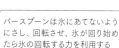

バースプーンは氷にあてないようにさし、回転させ、氷が回り始めたら氷の回転する力を利用する

2 水を注ぎ、バースプーンの背をグラスの内側に沿わせるように、15回ほど混ぜ合わせる。これにより氷の溶けやすい角や表面を流す。これを"面取り"という。

3 ストレーナーをかぶせ、水を捨てる。

4 メジャーカップで材料を計り、グラスに入れる。

5 バースプーンの背をグラスの内側に沿わせるように、手早く静かに混ぜる。グラスを温めないよう、添える手はグラスの底を押さえる。

6 ストレーナーをはめて、グラスに注ぐ。

動画はこちらから

《バースプーンの持ち方》

親指で支える

中指と薬指で狭む

らせん状になっている部分の真ん中を中指と薬指で狭むようにして持ち、親指でその上を支える。回すときは、人差し指を添える。

マリオネット

　比重の違いなどで混ざりにくい材料を、しっかりと混ぜ、冷やす方法。マリオネットやダイキリなどがこの手法。氷と一緒に振ることで気泡が立ち、また加水されるため、味も口当たりもふわりとまろやかになる。シェーカーの振り方で風味に差が出るので、バーテンダーの個性が出やすいのも特徴だ。

```
<材料>
ドライジン … 20㎖
アマレット … 10㎖
グレープフルーツジュース … 30㎖
グレナデンシロップ … 1tsp.

<道具>
メジャーカップ
シェーカー
カクテルグラス
```

POINT

・熱で氷が溶けないよう、シェーカーは指先で持つ。
・卵や乳製品を使う場合は、倍くらいの回数振る。

1

メジャーカップで材料を計り、シェーカーのボディに入れる。

氷の量は
上から見ると
これくらい

2 氷をボディの8～9分目まで入れる。

3 ストレーナーとトップでふたをする。

4 シェーカーをしっかり持ち、胸の前に構える。熱が伝わらないよう、てのひらは密着させないこと。

このひと振りで「シャカ、シャカ」と2回、氷の音がする。氷が動いていることが肝心だ

5 斜め上に振り出して元の位置に戻す。このとき、氷はボディの底に当たり、バウンドしてストレーナーに当たる。

6 斜め下に振り出して元の位置に戻す。「く」の字を書くように5と6を繰り返す。シェーカーが冷たく、表面が白くなったら、よく冷えて混ざったしるしだ。

7 トップだけを外して、グラスに注ぐ。

動画は
こちらから

19

ビルド で作る

カンパリ ソーダ

　グラスの中だけで仕上げる方法。カンパリソーダのように炭酸を使う場合や、ソルティドッグなどのように果汁で割るもの、カルーアミルクなどのようにフロートするものがある。氷が溶けないようにグラスや材料を冷やすこと、また炭酸などは飛ばないように仕上げるのがポイント。ここでは炭酸のケースを紹介する。

1

冷やしたグラスに氷を入れ、ベースの酒を計って入れる。酒がよく冷えるよう、バースプーンの背をグラスの内側に沿わせるようにしてくるくるとよく混ぜる。

2

氷に当たらないように炭酸を静かに注ぐ。分量指示が適量の場合は、グラスの8分目を目安にする。

> 炭酸を入れたら回転させずに、かくように混ぜる

3

氷に当たらないようにバースプーンをさし、下の部分を数回かくように混ぜる。さらにいったんスプーンを持ち上げて氷を上にあげると自然に混ざる。

ブレンド で作る

フローズン ダイキリ

フローズンスタイルのカクテルを作るための方法。材料とクラッシュドアイスをブレンダーで撹拌し、シャーベット状にする。フローズンダイキリやフローズンマルガリータが有名。

1 ブレンダーの容器に材料とクラッシュドアイスを入れる。

> フルーツを使う場合は、フルーツ→氷→酒の順で入れ、変色を防ぐ

2 ブレンダーで撹拌する。氷のはじける音がしなくなったころが仕上がりの目安。冷えたグラスにバースプーンでかき出して盛る。

フロート

ビルドの技法のひとつで、液体同士が混ざらないように浮かせる技法。液体の比重を利用するもので、より甘みの弱いもの、よりアルコール度数の高いもののほうが浮く。仕上げにクリームをフロートさせるホワイトルシアンや（写真左）、何層も重ねるプースカフェ（→p.168）などがある。

浮かせる材料は、バースプーンの背につたわせて静かに注ぐ。一気に入れると沈んで混ざってしまうのでゆっくりと。

《スノースタイル》

グラスの縁に、塩や砂糖を均一につけるデコレーションのこと。ソルティドッグやマルガリータで知られている。

1 平らな皿に塩（または砂糖。以下同）を薄く広げる。グラスを下に向け、縁にぐるりとレモンなどの果汁をつける。果汁がたれると塩がムラにつくので、この後グラスを上に向けないこと。

2 縁を回すようにして塩をつける。塩を縁に立たせるようなイメージで。

3 グラスの底をたたいて余分な塩を落とす。味に影響するので、つけすぎないようにする。

《ピールをしぼる》

ピールとは、レモンやオレンジなどの柑橘類の皮を削りとった小片のこと。カクテルに香りをつけるために用いる。

レモンの皮を2〜3cm大に削りとり、上下を挟むように持ってしぼる。

斜め上からしぼる

柑橘類の皮には苦み成分が含まれており、しぼると下に落ちる。香り成分は前方に漂って落ちるので、グラスから10〜15cmほど離れた位置の上から振りかけるようにしぼる

ツイスト

ピールを細長く切り、両端を持って、グラスの上でひねる。その後、グラスの中にピールを入れる場合に用いられることが多い。

Gin
Cocktail

ジンベース

ジン __Gin

マティーニやジントニックなど、カクテルのベースとして人気の高いジンは、世界4大スピリッツのひとつ。イギリスの酒というイメージがあるが、誕生したのはオランダだ。1660年に、ジンの香りのもとになっている「ジュニパーベリー」の実を使い、熱病に効く利尿剤として開発され薬局で売られていたが、価格が手頃だったため飲料酒として人気に。それが「ジュネヴァ」と呼ばれるオランダの国民酒になった。

1689年、オランダのウイリアム3世がイギリス国王として迎えられ、母国の国民酒であるジュネヴァをイギリス国内に普及させると、「ジン」の呼称であっという間にイギリス中に広まった。

19世紀後半、連続式蒸留機の導入と発達に伴ってクリアな味わいのドライジンが生まれ、これが1920年ごろの禁酒法時代のアメリカに伝わり、カクテルのベースとして大流行。世界的な主流のスピリッツになった。

ジンの種類

ジンは世界各地でつくられているが、主要な生産地はヨーロッパ。ジンの発祥国のオランダとイギリス、ドイツが中心になっている。オランダのジンはジュニパーベリーの香りの豊かさが特徴のジュネヴァジン。伝統的な単式蒸留機による製法だ。イギリスのものは、ジンの代名詞とも言われるクリアな風味と味わいのドライジンが中心。ほかに1〜2%の糖分を加えて飲みやすくしたオールドトムジンや強い香りが特徴のプリマスジン、フルーツの香りをつけたフルーツジンなどがある。またドイツには、ジンの一種と言われるシュタインヘーガーがつくられている。ジュネヴァとドライの中間的な風味のジンだ。

ドライジン
ドライジン特有の爽やかでキレのある風味を持つ。香味づけは、草根木皮を蒸留液に直接加える方法と、蒸留の際の蒸気で草根木皮の香味成分を抽出する方法があるが、詳細は企業秘密とか。現在のジンの主流。

オランダジン
「ジュネヴァ」と呼ばれるオランダの伝統的なジン。ジュニパーベリーの果実香が強く漂うのは、昔ながらの単式蒸留機による製法でつくられるため。風味も香味もより強く、発祥のころの味わいがわかる。

シュタインヘーガー
生のジュニパーベリーを使うことで穏やかな香味にしたドイツ生まれのジン。ジュニパーベリーでつくるスピリッツとグリーンスピリッツをブレンドし、再蒸留しているのが特徴。

オールドトムジン
ドライジンに少量の砂糖を加えて甘みをつけたジン。かつてのロンドンでは、猫型自動販売機で売られていたことから、雄猫の愛称の「トムキャット」が名前の由来となり定着した。

ビーフィーター ジン

1820年に創業者ジェームス・バローが考案したレシピを受け継ぐ、ロンドンドライジンの代表的銘柄。ビーフィーターとはロンドン塔を守る近衛兵のことで、ラベルにも描かれている。

アルコール度数：47度
750㎖／1290円（税別・参考価格）
生産国：イギリス
問い合わせ：サントリースピリッツ

タンカレー ロンドン ドライジン

1830年にチャールズ・タンカレーが蒸留所を創設。受け継がれている4回蒸留の製法でつくり出された洗練されたキレのある味わい。シェーカーをモチーフにしたボトルの形も特徴的。

アルコール度数：47度
750㎖／オープン価格
生産国：イギリス
問い合わせ：ディアジオ ジャパン

ボンベイ サファイア

1761年来のレシピに基づき、10種類もの植物を使用。スピリッツの蒸気を植物に通して香りを移す独自の製法で、雑味をカット。美しいサファイア色のボトルでも有名。

アルコール度数：47度
750㎖／オープン価格
生産国：イギリス
問い合わせ：バカルディ ジャパン

ゴードン ロンドン ドライジン

1769年にアレクサンダー・ゴードンが蒸留所を創設。1858年、ジントニックを生み出したことでも知られる老舗ブランド。ジュニパーベリーを多く使った豊かな風味が持ち味。

アルコール度数：37.5度
700㎖／オープン価格
生産国：イギリス
問い合わせ：ディアジオ ジャパン

プリマス ジン

1793年にイングランド南西部のプリマスで創業。海軍基地があることからイギリス海軍御用達となり、世界へ広まった。現在稼働しているイギリスのジン蒸留所では最古の蒸留所として有名。

アルコール度数：41.2度
700㎖／1762円（参考価格）
生産国：イギリス
問い合わせ：ペルノ・リカール・ジャパン

ヘンドリックス ジン

スコットランド産のプレミアムジン。11種の植物に加え、きゅうりとバラの花びらのエキスをブレンド。ほかのジンにはない華やかな香りと、きゅうりのさっぱり感が特徴。

アルコール度数：44度
700㎖／3900円（税別・参考価格）
生産国：イギリス
問い合わせ：三陽物産

グラスの縁から
フライトする
世界一周

ドライジン … 40㎖
ミントリキュール（グリーン）… 10㎖
パイナップルジュース … 10㎖
ミントチェリー … 1個

シェーカーに氷とジン、ミントリ
キュール、パイナップルジュース
を入れてシェークし、グラスに
注ぐ。チェリーを飾る。

Around the World

アラウンド ザ
ワールド

シェーク／カクテルグラス

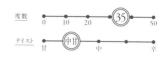

度数　0　10　20　35　50

テイスト　中甘　甘　中　辛

　キレのよいジンに爽快なミントの香りとパイナップルの酸み・甘みが加
わって、すっきりとした飲み口ながら、トロピカルな気分にさせてくれる
1杯。何より透明感のあるグリーンが美しい。飛行機の世界一周航路開
航記念のカクテルコンクールの優勝作品とも言われている。

香草と蜂蜜の
豊かな風味を持つ
通好みの1杯

ドライジン … 45mℓ
シャルトリューズ（ジョーヌ）… 15mℓ

ミキシンググラスに氷とジン、
シャルトリューズを入れてステア
し、グラスに注ぐ。

Alaska
アラスカ
ステア／カクテルグラス

度数　0　10　20　30　④⑤

テイスト　甘　　中　　中辛　辛

　香草系リキュール、シャルトリューズ ジョーヌ（イエロー）の蜂蜜の風味と透明な黄金色の美しさに引き込まれる。ロンドンの名門ホテル「ザ・サヴォイ」のハリー・クラドック氏が考案したオールドカクテルだ。シャルトリューズをヴェール（グリーン）にすると「グリーン アラスカ」に。

シンプルで豊かな
果実味が味わえる
幸せのカクテル

ドライジン … 40㎖
オレンジジュース … 20㎖

シェーカーに氷とジン、オレンジ
ジュースを入れてシェークし、グ
ラスに注ぐ。

Orange Blossom

オレンジ
ブロッサム

シェーク／カクテルグラス

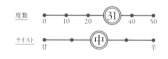

度数　0　10　20　③1　40　50

テイスト　甘　中　辛

　アメリカの禁酒法時代に当時の粗悪なジンの苦みを抑え、おいしく飲
めるようにオレンジジュースを加えた、と言われているカクテル。現在は、
よりすっきりとフルーティーに。また、オレンジの花言葉が「純粋」「花
嫁の喜び」であることから、披露宴のアペリティフとしても好まれる。

フルーティーな
味わいとともに
ジンの辛口を堪能

ドライジン … 40㎖
マラスキーノ … 10㎖
オレンジビターズ … 2dash
レモンジュース … 10㎖

ミキシンググラスに氷とすべて
の材料を入れてステアし、グラ
スに注ぐ。

Casino

カジノ

ステア／カクテルグラス

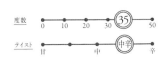

度数 0 —●—●—●—●—(35)—● 50
      0   10 20 30   50

テイスト 甘 —●—●—●—(中辛)—● 辛
          甘   中   辛

　ドライジンの強くシャープな風味に、さくらんぼを原料とするリキュール、マラスキーノとレモンといったフルーティーさを混ぜあわせ、すっきりとした飲み口に仕上げるカクテル。ほぼジンで構成されているので、アルコール度数が高く、度を過ごさない分別もほしい大人の1杯。

ロマンチックな
夜を演出する
芳醇な香りと色彩

ドライジン … 20㎖
チェリーブランデー… 20㎖
ドライベルモット … 20㎖

ミキシンググラスに氷とすべて
の材料を入れてステアし、グラ
スに注ぐ。

Kiss in the Dark

キッス イン ザ
ダーク

ステア／カクテルグラス

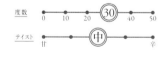

度数　0　10　20　30　40　50
テイスト　甘　中　辛

「暗闇でキッス」というネーミング通り、チェリーブランデーの甘く芳醇
な香りとグラスの中の艶やかな赤が、夜をロマンチックに彩ってくれるカ
クテル。口当たりはまろやかだが、ドライジン、ドライベルモットとの組
み合わせを受け入れられる、大人向けの味わいとも言える。

グラスの底に
パールが輝く
辛口カクテル

ドライジン … 50㎖
ドライベルモット … 10㎖
レモンピール … 適量
パールオニオン … 1個

ミキシンググラスに氷とジン、ベ
ルモットを入れてステアし、グ
ラスに注ぐ。レモンピールをしぼ
り、ピンに刺したパールオニオ
ンを沈める。

Gibson

ギブソン

ステア／カクテルグラス

度数 ●—————————————42—●
　　 0　10　20　30　　　　50

テイスト ●—————————————辛
　　　 甘　　　　中

　レシピはマティーニとほぼ同じだが、オリーブではなくパールオニオン
がグラスの底に沈む。ジンの分量が多めで、より辛口な仕上がり。名前
の由来は、女性画で有名な19世紀末アメリカのイラストレーター、チャ
ールズ・ダナ・ギブソン氏が愛飲したことから。

31

ハードボイルド
小説に登場する
有名カクテル

ドライジン … 45㎖
ライムジュース … 15㎖

シェーカーに氷とジン、ライム
ジュースを入れてシェークし、グ
ラスに注ぐ。

Gimlet
ギムレット
シェーク／カクテルグラス

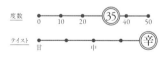

度数 ●——●——●——㉟——●——●
0　10　20　　40　50

テイスト ●——●——●——●——辛
甘　　　中　　　辛

　レイモンド・チャンドラーの小説『長いお別れ』に出てくる「ギムレット
には早すぎる」という名セリフで有名になったカクテル。19世紀末ごろ、
イギリス海軍の軍医、ギムレット卿の提唱で、ジンをライムジュースで薄め
て飲むようになったものがギムレットになった、と言われている。

サファイアを
思わせるブルーは
ふたりの愛の証

ボンベイサファイア … 10㎖
ヒプノティック … 20㎖
グレープフルーツジュース … 20㎖
ブルーキュラソー … 10㎖

シェーカーに氷とすべての材料
を入れてシェークし、グラスに
注ぐ。

Sapphire Blue

サファイア ブルー

シェーク／カクテルグラス

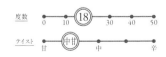

度数 ── 0 ── 10 ──(18)── 30 ── 40 ── 50

テイスト ── 甘 ──(中甘)── 中 ── 辛

　サファイアの石言葉は「慈愛」「誠実」。ヒプノティックとブルーキュラソー
のカラーで美しく輝く濃いブルーは、ふたりの愛の深さを思わせる。恋人や
夫婦に向けた珠玉のサファイアブルーのカクテルは、ふたりの輝かしい人
生を彩ってくれるかのよう。本書監修者・渡辺一也氏のオリジナル作品。

マティーニの原型。
昔ながらの味わい
を楽しむ

ドライジン … 30㎖
スイートベルモット … 30㎖

グラスにジン、ベルモットの順
に注ぐ。

Gin & It

ジン アンド イット

ビルド／カクテルグラス

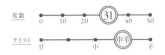

| 度数 | 0 | 10 | 20 | (31) | 40 | 50 |
| テイスト | 甘 | | 中 | 中辛 | | 辛 |

　ドライジンとスイートベルモットを組み合わせた昔ながらのスタイル。や
わらかな甘さが楽しめ、マティーニの原型とも言われている。製氷機がない
時代に生まれたものなので氷は使わないのが特徴。名称の「イット」はイタ
リアンベルモットの略。そのため「ジン イタリアン」とも呼ばれる。

シンガポール発祥。
世界中で愛される
有名カクテル

A | ドライジン … 45㎖
　 | レモンジュース … 20㎖
　 | シュガーシロップ … 10㎖
ソーダ … 適量
チェリーブランデー … 15㎖
オレンジスライス … ½枚
レモンスライス … 1枚
マラスキーノチェリー … 1個

シェーカーに氷とAを入れて
シェークし、氷を入れたグラス
に注ぐ。冷えたソーダで満たし
て軽くステアし、チェリーブラン
デーを注ぎ、ピンに刺したオレ
ンジ、レモン、チェリーを飾る。

Singapore Sling

シンガポール
スリング

シェーク／コリンズグラス

度数　0 —— (14) —— 30 — 40 — 50

テイスト　甘 — 中 — 中辛 — 辛

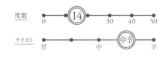

　1915年にシンガポールのラッフルズ・ホテルで誕生したと言われる人気
カクテル。その後、ロンドンの名門ホテル「ザ・サヴォイ」のハリー・ク
ラドック氏のアレンジによるものが定番レシピに。現在のラッフルズ・ホテ
ルで供されるシンガポール スリングは、よりトロピカルに変化した。

シンプルさが魅力の定番カクテル

ドライジン … 45mℓ
トニックウォーター … 適量
ライム … 1/8カット

タンブラーに氷とジンを入れてステア。冷えたトニックウォーターで満たして軽くステアし、ライムを飾る。

キックの効いた爽快な味わい

ドライジン … 45mℓ
ライムジュース … 5mℓ
ジンジャーエール … 適量
ライム … 1/8カット

タンブラーに氷とジン、ライムジュースを入れ、冷えたジンジャーエールで満たし、軽くステアする。ライムをしぼって入れる。

Gin & Tonic
ジン トニック
ビルド／タンブラー

度数 (13) 0 10 20 30 40 50
テイスト 甘 中 (中辛) 辛

　ドライジンにトニックウォーターを加えるだけというシンプルなレシピだが、ライムの酸みとトニックウォーターのかすかな甘みがあって飲みやすい。

Gin Buck
ジン バック
ビルド／タンブラー

度数 (12) 0 10 20 30 40 50
テイスト 甘 (中) 辛

　スピリッツにライムのジュースとジンジャーエールを加えたものを「バック」と呼ぶが、「バック」には「雄鹿」の意味もあり、キックの強さは強烈。爽やかな1杯。

ジンとソーダの
爽やかな口当たり

A ┃ ドライジン … 45㎖
 ┃ レモンジュース … 20㎖
 ┃ シュガーシロップ … 10㎖
ソーダ … 適量
レモンスライス … 1枚
マラスキーノチェリー … 1個

シェーカーに氷とAを入れてシェーク
し、氷を入れたタンブラーに注ぐ。冷
やしたソーダで満たし、レモンとチェ
リーを飾る。

ライムとジンの
ドライな味わい

ドライジン … 45㎖
ライム … ½カット
ソーダ … 適量

タンブラーにライムをしぼってから入
れ、氷を加えてジンを注ぐ。冷やした
ソーダで満たし、軽くステアする。

Gin Fizz
ジン フィズ
シェーク／タンブラー

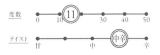

度数 ⑪ 0 10 20 30 40 50
テイスト 甘 — 中辛 — 辛

 フィズとはソーダの炭酸ガスが
はじける"シュッ！"という音が由来
とか。1888年にアメリカ・ニュー
オリンズで誕生したフィズの代表
的なカクテル。

Gin Rickey
ジン リッキー
ビルド／タンブラー

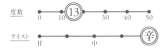

度数 ⑬ 0 10 20 30 40 50
テイスト 甘 — 中 — 辛

 "リッキー"とはスピリッツにライ
ムの果肉とソーダを加えて作るカ
クテルのこと。生のライムの風味
を生かしながらも、甘みのないド
ライな口当たりが楽しめる。

甘美な風味が絶妙。
カップルで楽しむ
情熱のカクテル

ドライジン … 25㎖
ドライベルモット … 10㎖
スイートベルモット … 10㎖
オレンジキュラソー … 5㎖
オレンジジュース … 10㎖

シェーカーに氷とすべての材料
を入れてシェークし、グラスに
注ぐ。

Tango

タンゴ

シェーク／カクテルグラス

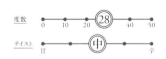

度数　0　10　20　(28)　40　50

テイスト　甘　(中)　辛

1923 年、パリにオープンした「ハリーズ・ニューヨーク・バー」のハリー・マッケルホーン氏が発表したカクテル。タンゴという名の通りの情熱的で甘美な 1 杯。ドライジンと、ドライとスイートのベルモットを混ぜあわせたバランスが絶妙で、さらにオレンジの風味が包み込む。

コリンズグラスで
たっぷり味わう
爽快な1杯

オールドトムジン … 45㎖
レモンジュース … 20㎖
シュガーシロップ … 10㎖
ソーダ … 適量
レモンスライス … 1枚
オレンジスライス … 1枚
マラスキーノチェリー … 1個

グラスに氷とジン、レモンジュース、シロップを入れ、ステアする。冷えたソーダで満たし、レモン、オレンジ、チェリーを飾る。

Tom Collins

トム コリンズ

ビルド／コリンズグラス

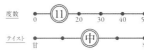

度数　0　(11)　20　30　40　50

テイスト　甘　(中)　辛

　ジンをレモンジュースとソーダで割った爽快なカクテル。19 世紀半ば、イギリスでジョン・コリンズ氏が考案した。当初は自分の名前から「ジョン コリンズ」と呼んでいたが、ベースをオールドトムジンに替えて「トム コリンズ」と命名。背の高いコリンズグラスにたっぷり注がれる。

3つの個性が
複雑に絡みあう
大人の味わい

ドライジン … 20㎖
カンパリ … 20㎖
スイートベルモット … 20㎖
オレンジピール … 適量

グラスに氷を入れ、ジン、カンパリ、ベルモットを注ぎ、ステアする。オレンジピールをしぼって飾る。

Negroni
ネグローニ
ビルド／オールドファッションドグラス

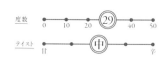

| 度数 | 0 10 20 (29) 40 50 |
| テイスト | 甘 (中) 辛 |

　フィレンツェのレストラン「カソーニ」の常連、カミーロ・ネグローニ伯爵が食前酒として愛飲したカクテル。同店のバーテンダーが伯爵の許可を得て1962年に発表した。ジン、スイートベルモット、カンパリという個性的な組み合わせで、甘さとほろ苦さが複雑に絡みあった1杯。

美しい色彩と
ふくよかな風味が
"楽園"へ誘う

ドライジン … 30㎖
アプリコットブランデー … 15㎖
オレンジジュース … 15㎖
マラスキーノチェリー … 1個

シェーカーに氷とジン、アプリコットブランデー、オレンジジュースを入れてシェークし、グラスに注ぐ。チェリーを入れる。

Paradise

パラダイス

シェーク／カクテルグラス

| 度数 | 0 10 20 **29** 40 50 |
| テイスト | 甘 **中甘** 中 辛 |

　アプリコットの芳醇な香りとオレンジジュースとの相性がよく、ふくよかで美しい橙色の色彩が、まさに"パラダイス（楽園）"という名にふさわしい甘口のカクテル。もし甘さが気になるようなら、ドライジンをやや多めにするとよい。

謎めいた薄紫色に
似つかわしい
香り高いカクテル

ドライジン … 30㎖
バイオレットリキュール … 15㎖
レモンジュース … 15㎖
レモンピール … 適量

シェーカーに氷とジン、バイオ
レットリキュール、レモンジュー
スを入れてシェークし、グラス
に注ぐ。レモンピールをしぼって
飾る。

Blue Moon

ブルー ムーン

シェーク／カクテルグラス

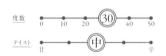

度数 　0　10　20　③⓪　40　50

テイスト 　（中）　甘　　　辛

「青い月」というミステリアスな名を持つカクテル。薄紫色の謎めいた
外見はニオイスミレを原料とするバイオレットリキュールによるもの。見
た目に違わず妖艶で香り高い蠱惑的な1杯だが、ドライジンとレモンの
組み合わせで、意外とさっぱりとした口当たり。

優雅な見た目を
裏切る意外な
名を持つ1杯

ドライジン … 45㎖
レモンジュース … 20㎖
シュガーシロップ … 1tsp.
シャンパン … 適量

シェーカーに氷とジン、レモ
ンジュース、シロップを入れて
シェークしてグラスに注ぎ、シャ
ンパンで満たす。

French 75
フレンチ75
シェーク／シャンパングラス

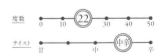

度数　0　10　(22)　30　40　50

テイスト　甘　中　(中辛)　辛

　ジン＆シャンパンという優雅さに似合わず、その名は第一次世界大戦
中、フランス軍の75mm口径の大砲にちなんでつけられた。その後、
ドライジンをバーボンウイスキーに替えると「フレンチ95」、ブランデー
に替えると「フレンチ125」になる、というバリエーションも生まれた。

花の芳しさと
色彩の変化が
美しいカクテル

A｜ボンベイサファイア … 10㎖
　｜エルダーフラワーリキュール … 20㎖
　｜グレープフルーツジュース … 30㎖
　グレナデンシロップ … 1tsp.
　ブルーキュラソー … 1tsp.
　ミントの葉 … 適量

グラスにグレナデンシロップを
静かに注ぎ、クラッシュドアイス
を少量入れ、層をつくるように
ブルーキュラソーをゆっくり沈
める。シェーカーに氷とAを入
れてシェークして注ぎ、ミントの
葉を飾る。

Floral Jewel

フローラル
ジュエル

シェーク／シャンパングラス

度数 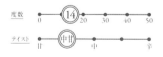　14　0　20　30　40　50

テイスト　中廿　甘　中　辛

　花の香りと美しく輝く宝石の色あいをグラスの中に表現した、本書監
修者・渡辺一也氏のオリジナルカクテル。シャンパングラスの底で光る
グレナデンシロップの赤がグラデーションでブルーキュラソーの青に変わ
り、さらに黄色味がかった白へと変化する色彩も美しい。

白い貴婦人の
清楚な外見と
洗練された味わい

ドライジン … 30㎖
ホワイトキュラソー … 15㎖
レモンジュース … 15㎖

シェーカーに氷とすべての材料
を入れてシェークし、グラスに
注ぐ。

White Lady
ホワイト レディ
シェーク／カクテルグラス

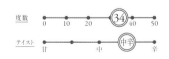

度数　0　10　20　34　40　50

テイスト　甘　中　中辛　辛

　清楚な乳白色の外見と洗練された味わいは「白い貴婦人」の名にふさ
わしい。ジンとホワイトキュラソー、レモンジュースの組み合わせはシン
プルでありながら甘みと酸みの調和が絶妙。ジンをブランデーに替えると
「サイドカー」になることから「ジン サイドカー」の別名も持つ。

45

世界中が支持する
カクテルの王様。
レシピは無数

ドライジン … 50㎖
ドライベルモット … 10㎖
スタッフドオリーブ … 1個

ミキシンググラスに氷とジン、ベ
ルモットを入れてステアし、グラ
スに注ぐ。ピンに刺したオリー
ブを入れる。

Martini

マティーニ

ステア／カクテルグラス

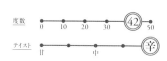

度数　0　10　20　30　(42)　50

テイスト　甘　　　中　　　(辛)

　辛口カクテルの代名詞で「カクテルの王様」と称される。ジンとベルモットだけというシンプルな組み合わせだけに、さまざまなこだわりから無数のレシピやバリエーションが存在する。また、味も時代とともに辛口志向が強まり、今ではドライベルモットを使うのが定番になっている。

思うに任せない
大人の恋を
表現したカクテル

ドライジン … 20㎖
アマレット … 10㎖
グレープフルーツジュース … 30㎖
グレナデンシロップ … 1tsp.
オレンジピール … 1枚

シェーカーに氷とすべての材
料を入れてシェークし、グラス
に注ぐ。オレンジピールをしぼ
り、香りを液面に振る。

Marionette

マリオネット

シェーク/カクテルグラス

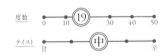

度数　0 10 ⑲ 20 30 40 50

テイスト　甘 ㊥ 辛

　本書監修者・渡辺一也氏のオリジナル。1985年の「第14回 H.B.A
創作カクテルコンペティション」初出場で準優勝した作品。まるで人形の
ように操られてしまう大人の恋心をイメージしたカクテルは甘酸っぱくほろ
苦いが、愛のリキュールのアマレットが淡い恋の味を心に残してくれる。

〔 マティーニ の バリエーション 〕

ゴードンジン … 90㎖
ウオッカ … 30㎖
リレブラン … 10㎖
レモンピール … 適量

シェーカーに氷とジン、ウオッカ、リレブランを入れてシェークし、大型のグラスに注ぐ。レモンピールをしぼって入れる。

ドライジン … 30㎖
デュボネ … 20㎖
マラスキーノ … 10㎖
レモンピール … 適量

シェーカーに氷とジン、デュボネ、マラスキーノを入れてシェークし、グラスに注ぐ。レモンピールをしぼって入れる。

Bond Martini
ボンド マティーニ
シェーク／カクテルグラス

度数 ⑤43　テイスト ⑤辛

　映画『007 カジノ・ロワイヤル』でジェームズ・ボンドが"マイ・マティーニ"と言ったジン、ウオッカ、リレブランで作るマティーニ。

Opera Martini
オペラ マティーニ
シェーク／カクテルグラス

度数 ③32　テイスト ⑤中

　ドライジンに赤ワインからつくられたデュボネをあわせたマティーニ。ドライジンのキレの裏側に、甘い情熱の余韻を感じさせる。

ドライジン … 50㎖
フルーツ(ここでは洋なしを使用)…¼個
シュガーシロップ … 1tsp.
飾り用フルーツ
　　(ここでは洋なしを使用)…適量

シェーカーに皮をむいてきざんだ洋なし
を入れ、ペストルでつぶす。ジン、シロッ
プを入れてシェークし、グラスに注ぐ。飾
り用フルーツを飾る。

ドライジン … 45㎖
スコッチウイスキー … 15㎖

ミキシンググラスに氷とジン、ウイスキー
を入れてステアし、グラスに注ぐ。

Fruit Martini
フルーツ マティーニ
シェーク/カクテルグラス

度数 （43） テイスト（辛）

　ベルモットをフレッシュなフルーツ
果汁に替えたマティーニ。新鮮なフルー
ツならではのストレートな味と香り
が爽やかだ。

Smoky Martini
スモーキー マティーニ
ステア/カクテルグラス

度数 （45） テイスト （辛）

　ドライジンにスコッチウイスキーを
あわせた、独特の燻した香りが立つ
マティーニ。口当たりは鮮烈だが深み
のある大人の味わい。

お家飲みにこだわりを

カクテル作りの楽しみ方

お家時間のお供に、手作りのカクテルはいかがだろうか。一人の時間も、みんなでの時間も、そこにおいしいカクテルがあれば、さらに素敵な空間が生まれるはずだ。

It's nice!

おいしいカクテル作りのコツ3か条

自分でカクテルを作る際に覚えておきたいコツを3つご紹介。本書掲載のレシピはもちろん、オリジナルのカクテルに挑戦する際の参考にも。

コツ 1 お気に入りの ベースを見つける

自分好みのベースを見つけるには、まずはベースをソーダやジュースなどで割るだけの簡単なカクテルから試してみるのが基本。そこから好きなテイストを探していくといい。また、ジンやウオッカなど無色のベースのほうがクセがなく、カクテルに色もつけやすいのでおすすめだ。

コツ 2 お気に入りの 副材料を見つける

ベースに加える酒、ソーダやジュースなどの副材料は、そのまま口にしてもおいしいと思える好みの味を見つけるのがコツ。初心者にはフルーツジュースが合わせやすい。市販の100%果汁のものを試してみよう。

コツ 3 ミックスする材料は 4〜5種類までに

カクテルは2種類以上の材料を混ぜて作るものだが、最初からあれもこれもと混ぜすぎると味にまとまりがなくなる危険が。まずは2種類から始め、慣れてきたら4〜5種類のミックスに挑戦してみるといい。ベースの酒にバランスよく甘みと酸みを加えるのがベスト。

クラフトジンを楽しもう!

世界的に人気が高く、日本でも話題を集める「クラフトジン」。小規模な蒸留所による独自のボタニカルや、伝統的な製法が生む味わいが魅力だ。ここでは、おすすめのクラフトジンと、その楽しみ方を紹介する。

クラフトジンってなに?

クラフトジンに明確な定義はないが、主に小規模な蒸留所でつくられる個性の強いジンのことを指す。通常のジンでは使われないような、蒸留所独自のボタニカル(ハーブなどの植物の素材)が採用されることで、銘柄によって異なる風味を楽しめるのが魅力だ。

<選ぶポイント>

・**ボタニカルで選ぶ**……産地特有の素材が使われているのが特徴のため、使用されているボタニカルをチェックし、好みの風味や興味のあるものを選んでみるといい。

・**産地で選ぶ**……生産国によって味の違いも出るため、産地で選んでみるのもおすすめ。好きな国の銘柄から選んだり、日本産から攻めてみたりしてもいいだろう。

・**ボトルのデザインで選ぶ**……クラフトジンはボトルのデザインにも凝っているものが多い。ラベルのデザインやボトルのフォルムなど細部からもこだわりが見える。

本書監修者・
渡辺一也氏チョイス

おすすめクラフトジン

季の美

京都発の「季の美」は、日本らしさが詰まったクラフトジン。ジンでは珍しい米を使ったスピリッツをベースに、京都産の山椒やヒノキ、柚子、宇治の玉露など、こだわり抜いた11種類のボタニカルを使用している。まろやかで柔らかな味わいが特徴。

アルコール度数:45度
700㎖/5500円(参考価格)
生産国:日本
問い合わせ:ペルノ・リカール・ジャパン

ヘンドリックス ジン

「ヘンドリックス ジン」はクラフトジンの先駆けとも言える銘柄で、「グレンフィデック」などで有名な老舗ウイスキーメーカーのウィリアム・グラント&サンズ社が手掛けている。きゅうりとバラのエキスが、ジンの新しい可能性を感じさせてくれる。

アルコール度数:44度
700㎖/3900円(税別・参考価格)
生産国:イギリス
問い合わせ:三陽物産

味の違いに驚く!?

おいしいジントニックの作り方

クラフトジンを楽しむ一番の飲み方は、やはりジントニック。初心者でも手軽に作れるだけでなく、ジン本来の味わいを存分に感じることができる。

<事前準備>
・好みのジンとトニックウォーターを用意する。
・300〜400mℓのガラスが薄めのグラスを用意する。
・材料とグラスを冷蔵庫でよく冷やしておく。
・氷はロックアイスを用意する（市販品でOK）。

ドライジン … 45mℓ
トニックウォーター… 適量
ライム … 1/6カット

<作り方>
①グラスに氷を入れてジンを注ぐ（ジンが氷に触れないように注ぐ）。
②カットしたライムをしぼり、グラスの中に入れる。
③トニックウォーターを注ぐ（氷を避けて静かに注ぐことで、炭酸が抜けないようにする）。
④軽くステアして、できあがり。

本書監修者・
渡辺一也氏チョイス

おすすめトニックウォーター

トニックウォーターにはキナという植物から抽出されたキニーネという成分が入っており、これが独特の苦みをもたらしている。国内で販売されているトニックウォーターは、キニーネに似た風味の香草類を配合したものが主流だが、近年はキニーネを含んだ質の高いタイプも楽しめるようになっている。

フィーバーツリー

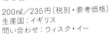

「キナの木」の天然エキスを使用したプレミアムトニックウォーター。天然の苦みと爽快感がプレミアムなカクテルを演出する。コンゴのキナ、メキシコのビターオレンジ由来のコクのある苦みとやさしい甘みが特徴。

200mℓ／235円（税別・参考価格）
生産国：イギリス
問い合わせ：ウィスク・イー

ウィルキンソン

強い炭酸感が特徴。苦みと酸みのバランスが抜群で、すっきりとした大人の味わい。

500ml／140円（税別・参考価格）
生産国：日本
問い合わせ：アサヒ飲料

シュウェップス

歴史と由緒あるブランドとして世界中で親しまれている。ほどよい酸みと甘み、そして強めの炭酸で、ほろ苦い飲み口が特徴。

250mℓ／115円（税別・参考価格）
生産国：イギリス
問い合わせ：日本コカ・コーラ

コーヒー × お酒 で作る
カフェカクテルレシピ

ナポレオンが愛した
香り高い高貴なコーヒー

Café Royal
カフェ ロワイヤル

ビルド／コーヒーカップ

ホットコーヒー… 適量
ブランデー… 15㎖
角砂糖 … 1個

コーヒーカップにホットコーヒーを注ぎ、
ロワイヤルスプーンに角砂糖をのせてブ
ランデーを染み込ませる。角砂糖に火を
つけほどよく溶けたら、スプーンをコーヒ
ーの中に入れて軽くかき混ぜる。

度数 ① テイスト 甘

オレンジの甘みが
コーヒーに広がる

Grand Marnier Café
グラン マルニエ カフェ

ビルド／タンブラー

グランマルニエ … 30㎖
アイスコーヒー… 90㎖
オレンジピール … 適量

グラスに氷とグランマルニエ、アイスコー
ヒーを入れて軽くステアし、オレンジ ピ
ールをふりかけグラスの中に入れる。

度数 ⑩ テイスト 甘

コーヒー×お酒の組み合わせは、新しいカクテルの楽しみ方。コーヒーの香りとコクがお酒を飲みやすくしてくれ、リラックスしながら、優雅なひと時を過ごせるはず。是非お試しあれ。

ウオッカ × エスプレッソ

ウオッカに合わさる
エスプレッソの苦み

Espresso Martini
エスプレッソ マティーニ

シェーク／カクテルグラス

A | ウオッカ … 30mℓ
　 | エスプレッソ … 30mℓ
　 | コーヒーリキュール … 15mℓ
　 | シロップ … 10mℓ
コーヒー豆 … 3粒

シェーカーに氷とAを入れてシェークし、グラスに注ぐ。コーヒー豆を飾る。

度数 18 テイスト 中甘

リキュール × アイスコーヒー

夏にぴったりな
爽やかなフレーバー

Napoléon Frappe
ナポレオン フラッペ

シェーク／ゴブレット

A | アイスコーヒー … 100mℓ
　 | カカオリキュール … 10mℓ
　 | ホワイトミントリキュール … 10mℓ
ミントの葉 … 適量

シェーカーに氷とAを入れてシェークし、クラッシュドアイスを詰めたグラスに注ぐ。ミントを飾る。

度数 4 テイスト 中甘

飾るだけで映える！
フルーツカッティング

ライム・lime

グラスの縁にフルーツを差し込む「シャトー・スタイル」は、ライムやレモンなどを飾る際の万能なデコレーション。さまざまなカクテルで使えるため、覚えておくといいだろう。

1 ヘタを落とす。

2 縦半分に切る。

3 くし形に3等分に切る。

4 中心の白い皮の部分をきれいに切り取る。

5 実の部分に斜めに切り込みを入れ、グラスの縁に飾る。

Jack Tar

ライムを飾るカクテル

ジャック ター

シェーク／オールドファッショングラス

A | 151・プルーフラム … 30mℓ
　| サザンカンフォート … 25mℓ
　| ライムジュース … 25mℓ
ライム … ⅙カット

シェーカーに氷とAを入れてシェークし、クラッシュドアイスを詰めたグラスに注ぐ。ライムを飾る。

35 テイスト **辛**

季節のフルーツなどを使い、見た目もおしゃれな "映える" カクテル
をお家でも！　ここでは、デコレーションに必要なフルーツの切り方
とそのフルーツを使ったカクテルを紹介する。

オレンジ・orange

鮮やかな色合いでカクテルに華やか
さを与えてくれるオレンジ。カクテル
を飲みながら、オレンジも一緒に食
べる「ハバナランハ」での使い方を紹
介する。

1 縦半分に切る。

2 くし形に4等分に切る。

3 中心の白い皮の部分
をきれいに切り取る。

4 皮と実の境目にナイフ
を入れ、切り離す。

5 皮に残った実をすべて
切り離す。

6 皮の形をきれいに整え、
グラスに盛りつける。

Hava Naranja

オレンジを飾るカクテル

ハバナランハ

シェーク/カクテルグラス

A｜ハバナクラブ7年 … 40ml
　｜パッションフルーツジュース … 15ml
　｜シュガーシロップ … 10ml
オレンジピール …適量
ミントの葉 …適量
オレンジ …⅓カット

度数 24 テイスト 中甘

氷を入れたグラスに
オレンジを盛りつけ
る。シェーカーに氷
とAを入れてシェー
クし、グラスに注ぐ。
オレンジピールとミ
ントを飾る。

レモン・lemon

レモンピールをらせん状にむいて飾るスパイラルピールは、見た目の存在感も抜群。「ブランデークラスタ」や「ホーセズネック」などに使えるカット方法だ。

1 ヘタの部分からナイフを入れる。

2 1.5cm幅くらいで、そのまま皮が切れないようにらせん状にむく。

3 グラスのサイズに合わせて、ある程度の長さまでむく。

4

ヘタの部分をグラスの縁にかけ、残りの皮をグラスの中に入れる。

Brandy Crusta

ブランデー クラスタ

シェーク／シャンパングラス

レモンを飾るカクテル

A	ブランデー… 45ml
	マラスキーノ… 10ml
	アンゴスチュラビターズ… 1dash
	レモンジュース… 5ml

砂糖…適量
レモンの皮…適量

度数 ㉜ テイスト 中

シェーカーに氷とAを入れてシェークし、砂糖でスノースタイルにしたグラスに注ぐ。らせん状にむいたレモンの皮を飾る。

パイナップル・pineapple

カクテルを一気に明るくしてくれるパイナップルのスライス。ここで紹介するのは、「ピニャコラーダ」や「チチ」など、トロピカルなカクテルでよく使う切り方。

1 パイナップルを縦半分に切り、さらに半分に切る。

2 1.5cmくらいの幅で切る。

3 真ん中の硬い部分を切り取る。

4 実の部分に斜めに切り込みを入れ、グラスの縁に飾る。

Piña Colada

（パイナップルを飾るカクテル）

ピニャ コラーダ

シェーク／ゴブレット

A｜ホワイトラム … 30㎖
パイナップルジュース … 80㎖
ココナッツミルク … 30㎖
パイナップル、オレンジ、マラスキーノチェリー、ミントの葉、蘭の花 …各適量

度数 **9** テイスト **甘**

シェーカーに氷とAを入れてシェークし、クラッシュドアイスを詰めたグラスに注ぐ。フルーツや花を飾る。

マティーニの一種である「キウイマティーニ」。爽快感ある味わいはもちろん、キウイでつくられた鳥の飾りがオシャレでかわいい。特別な日に、是非とも挑戦を。

1 キウイを縦半分に切り、くし形に3等分する。

2 両端を切り落とす。

3 2に写真のようにVの字の切り込みを入れる。

4 Vの頂点まで皮と実の間にナイフを入れる。

5 皮を引き抜き、実と切り離す。

6 引き抜いた皮を5に差し込む。

7 実の部分に斜めに切り込みを入れる。

8 レモンの皮を鳥の頭の形に切る。

9 7の先端に切り込みを入れて8を差し込み、グラスの縁に飾る。

Kiwi Martini

キウイを飾るカクテル

キウイ マティーニ

シェーク/カクテルグラス

A ドライジン … 50mℓ
キウイフルーツ … ½個
シュガーシロップ … 1tsp.
キウイ(飾り用)… ⅙個
レモンピール … 1枚

度数 ㉟ テイスト 中

シェーカーに氷とAを入れてシェークし、グラスに注ぐ。キウイとレモンピールでつくったキウイ鳥を飾る。

Vodka
Cocktail

ウオッカベース

ウオッカ＿＿Vodka

ウオッカは、11〜12世紀にはすでにロシアや東欧で飲まれていたと言われるほど、長い歴史のあるスピリッツ。当時の東欧の地酒だったころのウオッカは「ズィズネーニャ・ワダ（生命の水）」と呼ばれ、ライ麦を発酵させたビールや蜂蜜酒を蒸留した原始的な酒だったのではと推測されている。

その後、18世紀ごろには新大陸からトウモロコシやジャガイモなどが伝わって、それを原料につくられるようになり、さらに1810年、サンクトペテルブルグの薬剤師アンドレイ・アルバーノフが白樺炭の活性作用を発見したことが、その後のウオッカ製造の濾過技術を確立するきっかけになった。

19世紀後半になると連続式蒸留機が導入され、雑味が少なくクリアな味わいという、現在のウオッカの原型ができ上がった。このような長い年月を経て洗練されたウオッカは、20世紀になってヨーロッパやアメリカに伝わり、カクテルのベースとして受け入れられて、世界中に広まった。

ウオッカの種類

ウオッカはレギュラータイプとフレーバードウオッカの2種類に大別される。レギュラータイプは、いわゆる一般的なウオッカ。無色透明で原料の香味がほとんど感じられないため、カクテルベースとしては理想的なスピリッツだ。

一方のフレーバードウオッカは、フルーツやハーブなどを使って香りづけをした、個性のあるタイプ。ロシアやポーランドなど、ウオッカをストレートで飲む地域で多くつくられている。また北欧諸国でもウオッカは人気で、スウェーデンとフィンランドでは16世紀ごろからウオッカがつくられていた。アメリカではカクテルベースとしてのレギュラータイプが多く生産されている。

ロシアンウオッカ

レギュラータイプはもちろん、フレーバードウオッカもつくられ、ウオッカの本場ならではのバリエーションがある。寒い地で飲まれることから、アルコール度数が50度を超えるものも多い。

ポーランドウオッカ

特産のライ麦を原料にしたウオッカ。「ポルモス」と呼ばれる公団組織が製造のほとんどを担う。フレーバードウオッカも多く、ズブロッカ草でほのかに甘い香りをつけたズブロッカは世界的にも有名。

アメリカンウオッカ

カクテルのベースとして注目され、急速に広まったことから、無色透明で香味がほとんどないレギュラータイプのものがつくられている。生産量は多く、現在ではロシアを抜いて世界一。

北欧系ウオッカ

スウェーデンとフィンランドでは古くから地酒としてウオッカが根付いていて、ロシア、ポーランドとともに「ウオッカベルト」と呼ばれている。大麦やジャガイモを原料にしたレギュラータイプがメイン。

スミノフ™

幾つものカクテルを創造し続けている世界No.1※プレミアム ウオッカ「スミノフ™」。P.A. SMIRNOFF が考えた伝統の濾過製法で造りあげるクリアな味わい。
※IMPACT DATABANK 2020に基づく販売数量

アルコール度数：40度
750㎖／オープン価格
生産国：イギリス
問い合わせ：キリンビール

ヘルヴェデール ウオッカ

4回の蒸留と33回の品質管理検査から生み出されるラグジュアリーウオッカ。微かなバニラの香りと穏やかで柔らかなクリームの香りを持ち、リッチでまろやかな舌触りが醸し出す豊かな味わいが特徴。

アルコール度数：40度
700㎖／4450円（税別・参考価格）
生産国：ポーランド
問い合わせ：MHD モエ ヘネシー ディアジオ

ウヰルキンソン ウオッカ40°

白樺炭による濾過工程にじっくりと時間をかけ、ピュアでクリアな味わいを実現したウオッカ。

アルコール度数：40度
720㎖／870円（税別・参考価格）
生産国：日本
問い合わせ：アサヒビール

ズブロッカ バイソングラス

ポーランドの世界遺産の森で採れるバイソングラス（ズブロッカ草）の香りが特徴的なフレーバード・ウオッカ。ほかに「クリア」、リキュールの「ロゼ」も展開。

アルコール度数：37.5度
700㎖／1500円（税別・参考価格）
生産国：ポーランド
問い合わせ：リードオフジャパン

スカイ ウォッカ

1992年にサンフランシスコで誕生したスカイ ウォッカは、澄み渡る青空の様なブルーのボトルと、4回蒸留・3回濾過による、クリアでスムースな味わいが特徴。ミキサビリティに優れており、カクテルに最適。

アルコール度数：40度
750㎖／1290円（税別・参考価格）
生産国：イタリア
問い合わせ：CT Spirits Japan

グレイグース

1997年にフランスで誕生し、翌年には最も厳格とされるコンテストで最高点を獲得した。フランス産のブランド小麦とコニャック地方の天然水を原料に、5段階蒸留で仕上げられる。

アルコール度数：40度
700㎖／オープン価格
生産国：フランス
問い合わせ：バカルディ ジャパン

高級スイーツの
ような濃厚な味が導く
“理想郷”

A フィンランディアウオッカ … 20ml
コーヒーリキュール … 10ml
メロンリキュール … 10ml
生クリーム … 20ml
卵黄 … 1個
削ったチョコレート … 適量
ミントの葉 … 適量

シェーカーにAと氷を入れて十分に
シェークし、グラスに注ぐ。チョコ
レートとミントの葉を飾る。

Arcadia

アルカディア

シェーク／カクテルグラス

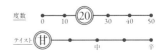

度数 ● ─ ● ─ ⑳ ─ ● ─ ● ─ ●
0 10 20 30 40 50

テイスト ㊥ ● ─ ─ ● ─ ● ─ ●
甘   中   辛

　アルカディアとはギリシャの地名で、古くから理想郷の代名詞として使
われてきた言葉。甘みのあるリキュールに生クリームや卵黄も加えて濃
厚に仕上げたこのカクテルは、その甘みと豊かな味わいで、まさに理想
郷を訪れたかのような夢見心地にさせてくれる。

グラスの中の
氷山を眺めて
ウオッカを楽しむ

ウオッカ … 60mℓ
ペルノ … 1dash

グラスに大きめの氷、ウオッカ
とペルノを入れ、軽くステアす
る。

Vodka Iceberg

ウオッカ
アイスバーグ

ステア／ロックグラス

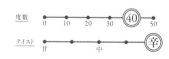

度数　0　10　20　30　④⓪　50

テイスト　甘　　中　　辛

　ウオッカにペルノの香りを加えただけという、まさにウオッカそのものを
楽しむカクテル。とはいえ、ペルノの薬草系の香りは独特で存在感がある。
名前の「アイスバーグ」とは「氷山」のこと。グラスに巨大な氷を入れて氷
山に見立てた姿がカクテルのイメージをふくらませてくれる。

65

アメリカ生まれの
キレ味鋭い
爽やかカクテル

ウオッカ … 20㎖
ホワイトキュラソー… 20㎖
ライムジュース… 20㎖

シェーカーに氷とすべての材料
を入れてシェークし、氷を入れ
たグラスに注ぐ。

Kamikaze

神風

シェーク／オールドファッショングラス

度数　0　10　20　㉓　40　50

テイスト　甘　中　中辛　辛

　このカクテルの名は、第二次世界大戦時の日本の戦闘機にちなんでつ
けられたものだが、日本ではなくアメリカ生まれという点がユニーク。キ
レのある辛口のウオッカにホワイトキュラソーの苦みとライムジュースの酸
みで、すっきりと鋭く、しかし爽やかな口当たりが特徴の１杯。

**フルーティーな
1杯は未知の
果実を思わせる**

*ウオッカ … 30㎖
ピーチリキュール … 20㎖
ブルーキュラソー … 10㎖
グレープフルーツジュース … 50㎖
パイナップルジュース … 10㎖*

シェーカーに氷とすべての材料
を入れてシェークし、氷を入れ
たグラスに注ぐ。

Gulf Stream

ガルフ ストリーム

シェーク／オールドファッションドグラス

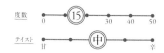

度数　0 —— ⑮ —— 30　40　50

テイスト　甘 —— 中 —— 辛

　グリーンともブルーともつかない色彩が意味深でクールだが、味わい
は実にフルーティー。ピーチリキュールとグレープフルーツジュース、パ
イナップルジュースがほどよく合わさり、未知の果実のような味が広がる。
名前は「メキシコ湾流」という意味。気軽に楽しめるカクテルだ。

甘酸っぱくも
情熱的な炎の
キスを味わう

ウオッカ … 20㎖
スロージン … 20㎖
ドライベルモット … 20㎖
レモンジュース … 1tsp.
砂糖 … 適量

シェーカーに氷と、砂糖以外の
材料を入れてシェークし、砂糖
でスノースタイルにしたグラス
に注ぐ。

Kiss of Fire

キス オブ
ファイヤー

シェーク／カクテルグラス

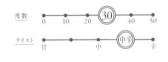

度数　0　10　20　30　40　50

テイスト　甘　　中　中辛　辛

　このカクテルは、1953 年の「第 5 回オール・ジャパン・ドリンクス・コンクール」で優勝した石岡賢司氏の作品で、ルイ・アームストロングが歌ってヒットしたジャズの名曲がこの名の由来。砂糖でスノースタイルにしたグラスに口をつけると、情熱的な甘酸っぱさに魅了される。

人気カクテルを
おしゃれに
楽しんで

ウオッカ … 20㎖
ホワイトキュラソー … 10㎖
クランベリージュース … 20㎖
ライムジュース … 10㎖

シェーカーに氷とすべての材料
を入れてシェークし、グラスに
注ぐ。

Cosmopolitan
コスモポリタン
シェーク／カクテルグラス

度数　　0　10　20　30　40　50

テイスト　甘　中　辛

　全米で大ヒットしたドラマ『セックス・アンド・ザ・シティ』の主人公
たちがいつも飲んでいたのがこのカクテル。日本でもドラマ版と劇場版
が公開され、このカクテルも一躍有名になった。フルーティーな香りや
甘酸っぱさを味わいつつ、おしゃれな雰囲気も楽しめる1杯。

さっぱり爽快な
フルーツカクテル

ウオッカ … 30㎖
クランベリージュース … 45㎖
グレープフルーツジュース … 45㎖

シェーカーに氷とすべての材料を入れてシェークし、氷を入れたグラスに注ぐ。

口当たりのよさが
人気の1杯

ウオッカ … 45㎖
オレンジジュース … 適量
オレンジスライス … ½枚

タンブラーに氷とウオッカを入れ、オレンジジュースで満たし、ステアする。オレンジを飾り、マドラーを添える。

Sea Breeze
シー ブリーズ
シェーク／コリンズグラス

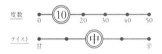

Screw Driver
スクリュー ドライバー
ビルド／タンブラー

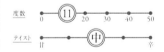

アメリカ西海岸で生まれたカクテル。グレープフルーツとクランベリーのジュースがミックスされ、酸みの効いた爽やかな味わいが「海のそよ風」を感じさせてくれる。

イランの油田作業員たちが、ウオッカとオレンジジュースを「ねじ回し」でかき混ぜて飲んだことからこの名がついたと言われている。クセがなく口当たりがよい。

ガツンとくる
辛口強めカクテル

ウオッカ … 45㎖
ライムジュース … 15㎖

シェーカーに氷とすべての材料を入れてシェークし、グラスに注ぐ。

フルーツの甘さの
バランスがいい

ウオッカ … 15㎖
メロンリキュール … 20㎖
クレームドフランボワーズ … 10㎖
パイナップルジュース … 80㎖

シェーカーに氷とすべての材料を入れてシェークし、氷を入れたグラスに注ぐ。シェークせず、グラスで直接ステアしてもよい。好みで蘭の花を飾る。

Sledge Hammer

スレッジ ハンマー

シェーク／カクテルグラス

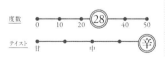

度数 ─────────────（28）──────── 0　10　20　　40　50

テイスト ─────────────●───（辛） 甘　　　中

「スレッジハンマー」は「大きなハンマー」の意味。ギムレットのベースをウオッカに替えたもので、キリッと辛口。アルコール度数も高く、パンチの効いた1杯。

Sex on the Beach

セックス オン
ザ ビーチ

シェーク／ゴブレット

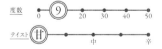

度数 ──────（9）─────────────── 0　10　20　30　40　50

テイスト （甘）───────●─────────── 　　　　中　　　　　辛

映画『カクテル』に登場して、日本でもお馴染みになったカクテル。メロンやフランボワーズの香りとパイナップルジュースの甘みがバランスよく味わえる。

71

スノースタイルで
大流行した
定番カクテル

ウオッカ … 30〜45㎖
グレープフルーツジュース…適量
塩…適量

塩でスノースタイルにしたグラ
スに氷を入れ、ウオッカ、グレー
プフルーツジュースを入れてス
テアする。

Salty Dog

ソルティ ドッグ

ビルド／コリンズグラス

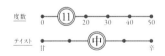

度数　0　　11　20　30　40　50

テイスト　甘　　中　　辛

「ソルティドッグ」とは、イギリス船員のスラングで「甲板員」のこと。
グラスの縁に塩をつけたスノースタイルとグレープフルーツの爽やかな香
りがウオッカと好相性で、人気の高いスタンダードカクテルだが、イギリ
スで生まれた当初のレシピではジンがベースだったとか。

南国気分が高まる
ハワイ生まれの
カクテル

A ウオッカ…30㎖
  パイナップルジュース…80㎖
  ココナッツミルク…45㎖
マラスキーノチェリー…1個
パイナップル、オレンジなどの
  フルーツ…各適量
ミントの葉、パイナップルの葉、
  蘭の花…各適量

シェーカーに氷とAを入れて
シェークし、クラッシュドアイス
を詰めたグラスに注ぐ。フルーツ
や花、ミントの葉、細く切ったパ
イナップルの葉とチェリーをピン
に刺して飾る。

Chi-Chi
チチ
シェーク／ゴブレット

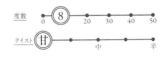

度数 ──⑧── 0　　20　30　40　50

テイスト 甘 ─────── 中　　辛

　ハワイで生まれたトロピカルカクテルの定番。「チチ」はアメリカのス
ラングで「粋な」「かっこいい」の意味。パイナップルジュースとココナ
ッツミルクによる、ミルキーでソフトな口当たりがよい。フルーツや花を
飾れば見た目も贅沢になり、南国気分はさらに高まる。

楽器の名がつく
爽やかなカクテル

ウオッカ … 30㎖
ホワイトキュラソー … 15㎖
レモンジュース … 15㎖

シェーカーに氷とすべての材料を入れてシェークし、グラスに注ぐ。

コーヒーの香りと
甘さを楽しむ

ウオッカ … 40㎖
コーヒーリキュール … 20㎖

グラスに氷とウオッカ、コーヒーリキュールを入れ、ステアする。

Balalaika
バラライカ
シェーク／カクテルグラス

Black Russian
ブラック ルシアン
ビルド／オールドファッションドグラス

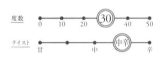

度数 ── 0 ── 10 ── 20 ──(30)── 40 ── 50
テイスト ── 甘 ── 中 ──(中辛)── 辛

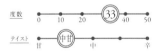

度数 ── 0 ── 10 ── 20 ──(33)── 40 ── 50
テイスト ──(中甘)── 中 ── 辛

　バラライカは、三角形のボディをしたロシアの弦楽器がその名の由来。ウオッカに柑橘系の爽やかな香りが広がって、ほどよい甘さも感じられる人気のカクテル。

　コーヒーリキュールの香ばしさと甘さが特徴。ウオッカのアルコール度数は高いが、口当たりがよい。食後に香りを楽しみながらゆっくり飲みたい1杯。

74

名前に似合わぬ
ヘルシーな1杯

ウオッカ … 45㎖
トマトジュース…適量
レモン … ⅙カット
セロリスティック … 1本

氷を入れたタンブラーにウオッカ、トマトジュースを入れてステアする。レモンを飾り、セロリを入れる。

月曜日の憂鬱を
吹き飛ばす

ウオッカ … 45㎖
ホワイトキュラソー… 15㎖
ブルーキュラソー … 1tsp.

シェーカーに氷とすべての材料を入れてシェークし、グラスに注ぐ。

Bloody Mary

ブラッディ メアリー

ビルド／タンブラー

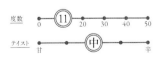

度数 ⑪ 0 10 20 30 40 50

テイスト 中 甘 辛

「血まみれのメアリー」とは穏やかではないが、実はトマトジュースの赤から連想された名前。セロリやレモンも添えられ意外とヘルシー。二日酔いの友とも言われる。

Blue Monday

ブルー マンデー

シェーク／カクテルグラス

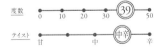

度数 ㊴ 0 10 20 30 40 50

テイスト 中辛 甘 中 辛

こちらも「月曜日の憂鬱」という名前とのギャップがあるカクテル。透明なブルーは海や空を思わせ、気分爽快に。味わいもキュラソーのスッキリ感を楽しめる。

ウオッカの刺激を
生クリームと
コーヒーが包む

ウオッカ … 40㎖
コーヒーリキュール … 20㎖
生クリーム … 適量

氷を入れたグラスにウオッカと
コーヒーリキュールを入れてス
テアし、生クリームをフロートさ
せる。

White Russian
ホワイト ルシアン
ビルド／オールドファッションドグラス

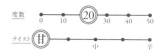

度数　0　10　20　30　40　50
テイスト　甘　中　辛

　ブラックルシアンに生クリームを浮かべたバリエーションで、味わい
はまるで生クリーム入りのアイスコーヒーのよう。ウオッカの刺激をコー
ヒーリキュールの香ばしさと生クリームの甘みでマイルドに包み込んだカ
クテルだ。食後酒にぴったりの飲みやすい1杯。

**銅製のマグカップ
で供される
有名カクテル**

ウオッカ … 45㎖
ライムジュース … 15㎖
ジンジャーエール … 適量
ライム … 1/8カット
きゅうりスティック … 1本

氷を入れたマグカップに、ウオッ
カ、ライムジュース、ジンジャー
エールを入れて軽くステアする。
ライムを飾り、きゅうりを入れる。

Moscow Mule

モスコー ミュール

ビルド／マグカップ

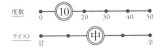

度数　0 ──(10)── 20 ── 30 ── 40 ── 50

テイスト　甘 ────(中)──── 辛

「モスクワのラバ」という名前がつけられた、ウオッカベースの有名カクテルのひとつ。銅製のマグカップで供されるスタイルがユニーク。また、本来はジンジャービアを使うが、日本ではジンジャーエールが一般的。ライムの爽やかな香りとジンジャーのキリッとした喉越しがよい。

雪景色を思わせる
日本が生んだ
カクテルの傑作

ウオッカ … 30㎖
ホワイトキュラソー … 15㎖
ライムジュース … 15㎖
砂糖 … 適量
ミントチェリー … 1個

シェーカーに氷とウオッカ、ホワイトキュラソー、ライムジュースを入れてシェークし、砂糖でスノースタイルにしたグラスに注ぐ。ミントチェリーを沈める。

Yukiguni

雪国

シェーク／カクテルグラス

1958年、サントリー主催のカクテルコンクールで優勝した井山計一氏の作品。ウオッカとホワイトキュラソー、ライムジュースが絶妙なバランスで味わえ、グラスの縁の砂糖の白と、雪景色を思わせる白から黄緑への色映えも美しい。戦後の日本が生んだ代表的な傑作カクテルのひとつ。

カカオの甘く
やさしい口当たりに
惑わされないで

ウオッカ … 20mℓ
ドライジン … 20mℓ
クレームドカカオ … 20mℓ

シェーカーに氷とすべての材料
を入れてシェークし、グラスに注
ぐ。

Russian

ルシアン

シェーク／カクテルグラス

度数	0	10	20	30	37		50

テイスト	甘		中		中辛	辛

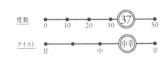

　ウオッカとドライジンの組み合わせという強い辛口だが、それをクレー
ムドカカオの甘さがやさしく包み込み、口当たりがよくなったカクテル。
ただし、甘い飲み口に惑わされて飲みすぎるとたちまちダウンしてしまう
という、いわゆる "レディーキラー" カクテルとしても有名。

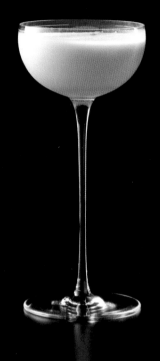

緑茶リキュールの
独特な香りを
生かした1杯

ウオッカ … 20㎖
グリーンティーリキュール … 20㎖
パイナップルジュース … 10㎖
生クリーム … 10㎖

シェーカーに氷とすべての材料
を入れてシェークし、グラスに
注ぐ。

Lake Queen

レイク クィーン

シェーク／カクテルグラス

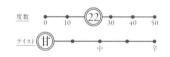

度数　0　10　22　30　40　50

テイスト　甘　中　辛

　1984年に行われた、サントリー主催カクテルコンベンションのグラン
プリ作品で、作者は本書監修者の渡辺一也氏。日本原産のグリーンテ
ィーリキュールによる緑茶の香りと渋みを生かしつつ、生クリームとパイ
ナップルジュースも加えて仕上げる、甘く濃厚なカクテル。

Non-Alcohol Cocktail

ノンアルコール
カクテル
セレクション

昨今人気のノンアルコール
カクテルは、お酒が飲めな
い人でも楽しめる、健康的
でおいしいドリンク。ここ
では、種類も豊富で個性
的なノンアルコールカクテ
ルをご紹介します。

Unfuzzy Navel
アンファジー ネーブル

ビルド／オールドファッションドグラス

フルーティーな
味わいが
飲みやすい

\ ピーチネクター…30mℓ
オレンジジュース…30mℓ
グレナデンシロップ…1tsp.
オレンジスライス…½枚
マラスキーノチェリー…1個

グラスに氷と\を入れて軽くステア
し、ピンに刺したオレンジとチェリー
を飾る。

テイスト 甘 —— ◆ —— ◆ —— ◆ —— ◆
　　　　　　　　　　中　　　　　辛

　ファジーネーブル(→p.177)のピーチリキュールの替わりに、ピーチネク
ターを使ったノンアルコールカクテル。ピーチの甘さとオレンジの酸みがバ
ランスよくマッチし、フルーティーな味わいが飲みやすい1杯だ。ちなみに
カクテル名の「アン」は、酒が入っていないという意味。

Virgin Mojito
ヴァージン モヒート

ビルド／コリンズグラス

目覚めの1杯にも
おすすめの
すっきりとした喉越し

Λ｜ライムジュース … 20㎖
　｜シュガーシロップ … 10㎖
ミントの葉 … 10枚程度
ソーダ … 適量
ライム … ¼個

グラスにミントとΛを入れ、ミントを
バースプーンなどでつぶす。クラッ
シュドアイスを詰めて冷えたソーダを
注ぎ、よくステアし、ミントの葉とライ
ムを添える。

テイスト　甘　中　中辛　辛

　ヴァージンモヒートは、夏を代表するカクテル、モヒート（→p.108）のノン
アルコール版。モヒートのホワイトラムをライムジュースに替え、お酒が飲め
ない人でもモヒート特有の爽やかな清涼感を楽しめる。すっきりとした喉越
しは、朝の目覚めのドリンクとしてもおすすめだ。

Elegant Garnet
エレガント ガーネット
シェーク／カクテルグラス

輝き続ける
女性をイメージ

密 ざくろ … 10㎖
グレープフルーツジュース … 30㎖
グレナデンシロップ … 5㎖
ライムジュース … 5㎖
ベルローズの花びら … 1枚

シェーカーに氷と＼を入れてシェークし、グラスに注ぐ。ベルローズの花びらを浮かべる。

テイスト 甘 ◆ 中 ◆ 辛

　輝き続ける魅力ある女性をイメージして創作したという、本書監修者・渡辺一也氏のオリジナル。美容サポート飲料「密 ざくろ」の風味に爽やかさが加わり飲みやすい。

Cool Tonic
クール トニック
ビルド／コリンズグラス

ミントの爽快感を
喉越しよく味わう

ライムジュース … 10㎖
ミントの葉 … 5枚
トニックウォーター … 適量

グラスにクラッシュドアイスとライムジュース、ミントの葉を入れて軽く混ぜ、トニックウォーターで満たす。

テイスト ◆ 甘 ◆ 中 中辛 辛 ◆

　ライムジュースとミントの葉の爽快感が広がり、グラスを満たすトニックウォーター特有の風味と炭酸で喉越しも心地よい。本書監修者・渡辺一也氏のオリジナル。

Summer Delight
サマー デライト
ビルド／ゴブレット

夏の喜びを表す
眩しいカクテル

```
＼ ライムジュース … 30㎖
  グレナデンシロップ … 15㎖
  シュガーシロップ … 5㎖
  ソーダ … 適量
レモンスライス … 1枚
```

グラスに氷と＼を入れて軽くステアし、レモンスライスを飾る。

テイスト　甘　　　中　中辛　辛

　サマーデライトとは「夏の喜び」という意味。真夏の太陽を思わせる眩しい色あいと爽快感ある味わいが魅力。夏の浜辺で飲み干したくなるような1杯だ。

Saratoga Cooler
サラトガ クーラー
ビルド／コリンズグラス

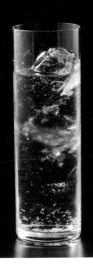

ジンジャーエールを
さらに爽快に

ライムジュース … 20㎖
シュガーシロップ … 1tsp.
ジンジャーエール … 適量

グラスに氷とライムジュース、シュガーシロップを入れ、冷えたジンジャーエールで満たし、軽くステアする。

テイスト　甘　　　中　　　辛

　ジンジャーエールにライムジュースが加わって、一層爽やかさが際立つ。シュガーシロップを使うが甘さは控えめ。見た目もきれいでおしゃれに楽しみたいカクテルだ。

Sunset Peach

サンセット ピーチ

ビルド／ゴブレット

香りと味わいの
妙を楽しむ
意外な組み合わせ

ピーチネクター… 45mℓ
ウーロン茶 … 45mℓ
グレナデンシロップ… 1tsp.

グラスに氷とピーチネクターを入れ、
冷えたウーロン茶で満たし、軽くス
テアする。グレナデンシロップを静
かに沈める。

テイスト 甘 — 中 — 辛

　濃厚な甘みのピーチネクターとウーロン茶、という意外な組み合わせの
カクテルだが、その香りと味わいが合わさる妙がおいしく、相性のよさに驚
かされる。グレナデンシロップで作るグラデーションの色合いも、沈みゆく
夕日のように鮮やかで美しい。

Shirley Temple
シャーリー テンプル

ビルド／カクテルグラス

子供のために
作られた
有名カクテル

グレナデンシロップ … 10㎖
ジンジャーエール … 適量

グラスにグレナデンシロップとクラッシュドアイスを入れ、ジンジャーエールで満たす。

テイスト　甘　中甘　中　辛

　1933年の禁酒法廃止後に、「子供が親と一緒に飲めるように」と考案されたドリンク。カクテル名は、1930年代にハリウッドで活躍した名子役の名前から来ている。さっぱりとして飲みやすく、どこか懐かしい甘みも感じられる、有名なノンアルコールカクテルだ。

Cinderella

シンデレラ

シェーク／シャンパングラス（ソーサー型）

トロピカルな味わいで
ノンアルコールでも
カクテル気分

オレンジジュース … 30mℓ
レモンジュース … 30mℓ
パイナップルジュース … 30mℓ

シェーカーに氷とすべての材料を入れてシェークし、グラスに注ぐ。

テイスト 甘  中 辛

　3種の柑橘系のフルーツジュースをミックスしたトロピカルなカクテル。シェークしてシャンパングラスに注ぐその見栄えは、お酒が飲めない人でもカクテル気分を味わえること間違いなしだ。華やかなイエローカラーを堪能しながら、シンデレラ気分を味わおう。

スプリング ブロッサム

ビルド／コリンズグラス

淡いグリーンが
春の息吹を
思わせる1杯

╲｜青りんごシロップ … 30mℓ
　｜ライムジュース … 15mℓ
　｜メロンシロップ … 5mℓ
ソーダ … 適量

グラスに氷と╲を入れ、ソーダで満たし、軽くステアする。

テイスト 甘 ━━◆━━━◆━━━◆━━━◆
　　　　　　　　　中　　　　　辛

　淡いグリーンの色あいが春の息吹を表現している、青りんごシロップを使った珍しいカクテル。青りんごとメロンシロップの甘さに酸みのあるライムジュースが足されることで、甘すぎない1杯に仕上げている。ソーダによる炭酸の刺激も、春の訪れを喜んでいるようだ。

ノンアルコール

Herbal Tonic
ハーバル トニック
ビルド／タンブラー

食事にも合う
ドライな味わい

- ソーダ … ½glass（氷を入れたグラスに対して）
- トニックウォーター … ⅔glass（氷を入れたグラスに対して）
- ハーブ（ミントやバジルなど）… 適量
- ライムスライス … 1枚

グラスに氷とΛを入れて軽くステアし、好みのハーブとライムを飾る。

テイスト　甘　——　中　——　辛

　トニックウォーターのビター感とハーブの芳香が合わさったドライな風味は、辛口好きな人におすすめ。洋食やイタリアンなど、食事のお供にもぴったりのカクテルだ。

Pussy Cat
プッシー キャット
シェーク／ゴブレット

飾られたオレンジが
猫のしっぽのよう

- オレンジジュース … 30㎖
- パイナップルジュース … 30㎖
- グレープフルーツジュース … 10㎖
- グレナデンシロップ … 1tsp.
- オレンジ … ⅙カット

シェーカーに氷とΛを入れてシェークし、グラスに注ぐ。オレンジを飾る。

テイスト　甘　——　中　——　辛

　柑橘系のフルーツジュースを使ったトロピカルな風味が印象的なカクテル。「かわいい子猫」を意味するカクテル名を、猫のしっぽのようなオレンジが表現している。

Blue Sky Tonic
ブルースカイ トニック
ビルド／ゴブレット

青空のように
美しいカクテル

ブルーキュラソーシロップ…20㎖
ライムジュース…5㎖
トニックウォーター…適量
ミントの葉…適量

ゴブレットにクラッシュドアイスとブ
ルーキュラソーシロップ、ライムジュー
スを入れて軽くステア。トニックウォー
ターで満たし、ミントの葉を飾る。

テイスト 甘 ─────── 中 ─── 辛

　ブルーキュラソーにライムジュー
スを加え、トニックウォーターで満
たした1杯。添えられたミントの葉
が爽やかに香り立つ。本書監修者・
渡辺一也氏のオリジナル作品。

Fruit Avenue
フルーツ アベニュー
ステア／シャンパングラス（フルート型）

北海道の自然と
季節をイメージ

青りんごシロップ…20㎖
グレープフルーツジュース…90㎖
トニックウォーター…30㎖

グラスにクラッシュドアイスとすべて
の材料を入れ、軽くステアする。

テイスト 甘 ─────── 中 ─── 辛

　北海道の広大な自然と季節をイ
メージしたカクテル。心地よい初
夏の風にフルーツの香りと味わい
を感じさせる。本書監修者・渡辺
一也氏のオリジナル。

Fruit Bowl
フルーツ ボウル
ビルド／タンブラー

フルーツ満載の
サングリア風カクテル

りんごジュース … 30㎖
オレンジジュース … 30㎖
ぶどうジュース … 30㎖
フレッシュライム … 5㎖
シュガーシロップ … 10㎖
柑橘系のフルーツスライス … ¼枚を適量

ボウル型のグラスに氷とスライスしたフルーツを入れ、\を注ぎ軽くステアする。

テイスト　甘 ◆ ◆ 中 ◆ ◆ 辛

　3種類のフルーツジュースにフルーツスライスを加え、サングリアをイメージした。濃厚な味わいをフレッシュライムが引き締める。本書監修者・渡辺一也氏のオリジナル。

Red Eye
レッド アイ
ビルド／ピルスナーグラス

濃厚な味わいが
癖になる1杯

ノンアルコールビール … ½glass
トマトジュース … ½glass

グラスに冷えたノンアルコールビールを注ぎ、冷えたトマトジュースで満たし、軽くステアする。

テイスト　甘 ◆ ◆ 中 ◆ ◆ 辛

　二日酔いに効くと言われる定番カクテル、レッドアイをノンアルコールで作る1杯。ホップの苦みとトマトジュースの濃厚さは、一度飲むと癖になる味わいだ。

Rum
Cocktail

ラムベース

ラム＿＿Rum

ラムの発祥には諸説あるが、15世紀末の新大陸発見後の17世紀初頭、原料の
サトウキビがスペインから西インド諸島に持ち込まれたことから、との説がある。
サトウキビの生産が西インド諸島に根付いたことに伴い、ヨーロッパから蒸留技
術が伝わって、ラムがつくられることになったそうだ。

18世紀になると、航海技術の発達でラムは世界に広まったが、これには奴隷制
度という歴史と密接なつながりがあった。西インド諸島と新大陸を含むヨーロッ
パ諸国、そして西アフリカを3つの頂点とする「三角貿易」では、労働力として西
インド諸島に連れてこられた黒人奴隷がサトウキビを栽培し、そのサトウキビか
らつくった糖蜜をヨーロッパに運びラムを製造。そのラムを身代金として黒人奴隷
に支払うといった「三角貿易」による循環が、皮肉にもラムを世界に広める結果と
なった。現在は西インド諸島に限らず、多くの国や地域でつくられ、世界中で飲ま
れるスピリッツのひとつになっている。

ラムの種類

ラムは風味の重さと色の濃淡によって分類される。風味の分類は、ライト、ミデ
ィアム、ヘビーの3種類。ライトラムは連続式蒸留機でつくられるため風味も軽
く、カクテルベースとして使われやすい。一方、ヘビーラムは自然発酵と昔ながらの
単式蒸留機でつくられ、濃厚な風味が特徴だ。ミディアムラムはその中間的な風
味になる。

色による分類は、ホワイト、ゴールド、ダークの3種類。ホワイトラムは活性濾過
によりクリアに仕上げられ、ダークラムは樽熟成で濃褐色になったラム。ゴールド
ラムはホワイトラムにカラメルなどで着色したものである。

◎色による分類

ホワイトラム
淡色、または無色透明のもの。内側を
焦がしていない樽か、ステンレスタンク
で短期間貯蔵後、活性炭濾過する。

ゴールドラム
ホワイトラムをベースにして、カラメ
ルなどでウイスキーやブランデーの
ような色調に色づけしたもの。

ダークラム
3年以上樽で熟成させた濃褐色のラ
ム。樽貯蔵でついた自然の色に、カ
ラメルなどでさらに着色する場合も。

◎風味による分類

ライトラム
連続式蒸留機で蒸留し、活性炭など
で濾過してクリアにつくられる。軽快
な味わいが特徴。

ミディアムラム
サトウキビのしぼり汁を使う場合と
糖蜜からつくる場合がある。ラムら
しい香りはあるが口当たりは滑らか。

ヘビーラム
発酵液を単式蒸留機で蒸留し、内側
を焦がした樽で数年熟成する。風味
や味わいは濃厚。

バカルディ
スペリオール(ホワイト)

スペインからキューバに移住したワイン商ドン・ファクンド・バカルディが1862年に設立したブランド。現在、世界で最も生産量の多いラムとされている。コウモリのマークが目印。

アルコール度数：40度
750㎖／オープン価格
生産国：プエルトリコ
問い合わせ：バカルディ ジャパン

ハバナクラブ 3年

キューバン・カクテルに最適な、3年熟成のプレミアム・ホワイト・ラム。スモーキーでバニラやチョコレートの風味を伴う心地良い味わい。

アルコール度数：40度
700㎖／1540円（参考価格）
生産国：キューバ
問い合わせ：ペルノ・リカール・ジャパン

バカルディ ゴールド
（オロ）

バカルディ社のゴールドラム。熟成感があり、まろやかな味わい。1900年、これをコーラで割ったことから、カクテルのキューバリバーが生まれたことでも知られる。

アルコール度数：40度
750㎖／オープン価格
生産国：プエルトリコ
問い合わせ：バカルディ ジャパン

ロンリコ151

1860年、プエルトリコで誕生したカリビアンラムの代表的銘柄。禁酒法下で唯一製造を許されていたことでも知られる。また、アルコール度数が高いことで有名。

アルコール度数：75度
700㎖／1830円（税別・参考価格）
生産国：プエルトリコ
問い合わせ：サントリースピリッツ

ハバナクラブ 7年

7年熟成の豊かな味わい、プレミアム・ダーク・ラム。バニラやトロピカルフルーツの豊かな香りと、ココアやブラウンスパイスの風味が特徴。

アルコール度数：40度
700㎖／2970円（参考価格）
生産国：キューバ
問い合わせ：ペルノ・リカール・ジャパン

マイヤーズラム
オリジナルダーク

ダークラムの代表的銘柄。1879年、ジャマイカの砂糖農園主フレット・ルイス・マイヤーズがラムの製造を開始。芳醇な風味が特徴で、カクテルのほか、製菓にもよく用いられる。

アルコール度数：40度
700㎖／オープン価格
生産国：ジャマイカ
問い合わせ：キリンビール

「これ以上はない」
と言わせる
自信に満ちた1杯

ホワイトラム … 30㎖
ホワイトキュラソー… 15㎖
レモンジュース … 15㎖

シェーカーに氷とすべての材料
を入れてシェークし、グラスに
注ぐ。

X.Y.Z

エックス ワイ ジィ

シェーク／カクテルグラス

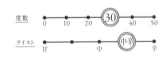

度数　0　10　20　30　40　50

テイスト　甘　中　中辛　辛

　アルファベットの終わりがその名であることから「最後のカクテル」と
言われるが、そこから派生して「これ以上よいものはない」「今夜はこれ
で終わり」など、多様な意味を持つ。ホワイトラムとキュラソー、レモン
ジュースが溶けあった、爽やかな酸みの飲み口のよいカクテル。

世界に広がった
ブラジルを
代表するカクテル

ピンガ … 45㎖
ライム … ½個
粉砂糖 … 1tsp.

グラスに厚めの輪切りにして
¼に切ったライムと粉砂糖を入
れ、ペストルでライムをつぶす。
クラッシュドアイスを詰めてピン
ガを注ぎ、ペストルを添える。

Caipirinha

カイピリーニャ

ビルド／オールドファッショングラス

度数　0　10　20　30　**40**　50

テイスト　甘　**中**　辛

ポルトガル語で「田舎の娘さん」という名の、ブラジルを代表するカ
クテル。材料のピンガは、サトウキビのしぼり汁をそのまま発酵、蒸留
して作られる。ピンガの重厚な風味を生かしつつ、クラッシュドアイスと
ライムでフレッシュな爽やかさを演出している。

97

キューバとアメリカが
連帯した産物の
ラム&コーラ

ホワイトラム … 45㎖
ライム … ½個
コーラ … 適量

タンブラーにライムをしぼって
から入れ、ラムと氷を入れてステア。冷やしたコーラで満たして軽くステアする。

Cuba Libre

キューバ リバー

ビルド/タンブラー

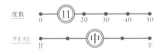

度数 ――●――⑪――●――●――●――●――
　　　0　　10　20　30　40　50

テイスト ――●――●――●――中――●――●――
　　　甘　　　　　　　　　　　　　　辛

　キューバ独立戦争時の合言葉 "Viva Cuba Libre！（自由なるキューバ万歳！）" が名の由来。独立支援のアメリカ軍人がたまたまラムにコーラを入れたらうまかった、という偶然の産物とも言われる。キューバ特産のライトラムとアメリカのコーラが調和した喉越しのよい1杯。

ラムとシェリーの
珍しい組み合わせ

ホワイトラム … 40㎖
ドライシェリー … 20㎖
ライムジュース … 1tsp.

ミキシンググラスに氷とすべての材
料を入れてステアし、グラスに注ぐ。

個性豊かで妖しい
エキゾチックな魅力

ダークラム … 30㎖
アニゼット … 10㎖
レモンジュース … 20㎖
グレナデンシロップ … ½tsp.

シェーカーに氷とすべての材料を入
れてシェークし、グラスに注ぐ。

Quarter Deck
クォーター デッキ
ステア／カクテルグラス

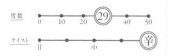

度数 ── 0 ── 10 ── 20 ──(29)── 40 ── 50
テイスト ── 甘 ── 中 ──(辛)

　ラムとシェリーというあまり類
を見ない組み合わせのカクテル。
ホワイトラムとドライシェリーの組
み合わせは、強めで辛みのあるキ
リッとした飲み口になる。

Shanghai
シャンハイ
シェーク／カクテルグラス

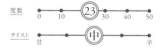

度数 ── 0 ── 10 ──(23)── 30 ── 40 ── 50
テイスト ── 甘 ──(中)── 辛

　かつて「魔都」と呼ばれた、中国
の商業都市の名を持つカクテル。
濃厚なダークラムと甘くスパイシ
ーなアニスの香りが相まった、エ
キゾチックな1杯だ。

99

澄み切った青空を
飛んでいるような
爽快さを味わう

ホワイトラム … 30㎖
ブルーキュラソー … 20㎖
ライムジュース … 10㎖

シェーカーに氷とすべての材料
を入れてシェークし、グラスに
注ぐ。

Sky Diving

スカイ ダイビング

シェーク／カクテルグラス

度数　0　10　20　28　40　50

テイスト　甘　中　中辛　辛

　1967年の「全日本バーテンダー協会（ANBA）カクテルコンペティション」
で優勝した渡辺義之氏の作品。ブルーキュラソーの青さが澄み切った青
空を連想させるグラスが美しい。ホワイトラムに、キュラソーの甘く苦い香
りとライムの清々しい香りがバランスよく調和した名作カクテル。

キューバの鉱山で
生まれた
ラムベースの定番

ホワイトラム … 45㎖
ライムジュース … 15㎖
シュガーシロップ … 1tsp.

シェーカーに氷とすべての材料
を入れてシェークし、グラスに
注ぐ。

Daiquiri
ダイキリ
シェーク／カクテルグラス

度数　0　10　20　**28**　40　50

テイスト　甘　中　**中辛**　辛

　ラムベースの定番カクテル。"ダイキリ"はキューバ・サンチャゴ郊
外にある鉱山の名前で、19世紀後半、この鉱山で働く技師たちが喉
を潤すためにラムにライムジュースを加えて飲んだのが始まりと言われ
ている。度数は強めだが、酸味と甘みのバランスがよく飲みやすい。

寒い季節に
体を温めてくれる
ホットカクテル

A ホワイトラム … 30㎖
ブランデー … 15㎖
シュガーシロップ … 10㎖
卵 … 1個
熱湯 … 適量
ナツメグ（パウダー）… 適量

卵黄と卵白を分けてそれぞれ泡
立て、**A**とともにグラスに入れて
ステア。熱湯で満たしてステア
し、ナツメグを振る。

Tom & Jerry

トム アンド
ジェリー

ビルド／ホットグラス

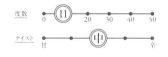

度数	0	⑪	20	30	40	50

テイスト	甘	中	辛

　古くから知られるホットカクテルで、欧米ではクリスマスドリンクとして
も親しまれてきた。19 世紀末の名バーテンダー、ジェリー・トーマス氏
が考案した、と言われている。ラムとブランデー、卵の組み合わせの濃
厚さが後を引き、冷えた体もポカポカに温めてくれる。

最高裁の判決で
有名になった
メーカー考案カクテル

バカルディラム(ホワイト)…45mℓ
ライムジュース…15mℓ
グレナデンシロップ…1tsp.

シェーカーに氷とすべての材料
を入れてシェークし、グラスに
注ぐ。

Bacardi Cocktail

バカルディ
カクテル

シェーク/カクテルグラス

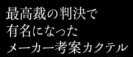

度数　0　10　20　**28**　40　50

テイスト　甘　**中**　辛

　ラムブランドのバカルディ社が自社製ラムの販促用に考案したカクテ
ル。このバカルディをバカルディラム以外のラムで提供したバーに対し、
1936年4月、ニューヨーク州最高裁が「バカルディにはバカルディラム
を使わなければならない」という判決を下したことで有名になった。

常夏の楽園へ誘う
トロピカル
カクテルの名作

A ホワイトラム … 30㎖
　 ブルーキュラソー … 15㎖
　 パイナップルジュース … 30㎖
　 レモンジュース … 15㎖
パイナップル … 適量
マラスキーノチェリー … 1個
蘭の花 … 1個
ミントの葉 … 適量

シェーカーに氷とAを入れて
シェークし、クラッシュドアイスを
詰めたグラスに注ぐ。ピンに刺し
たパイナップル、チェリー、蘭、ミ
ントの葉を飾る。

Blue Hawaii

ブルー ハワイ

シェーク／ゴブレット

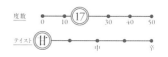

度数 ─●──●──(17)──●──●──●─
　　 0　10　20　30　40　50

テイスト (甘)──●──●──●──●─
　　　　 　　　　中　　　辛

　常夏の楽園ハワイの海と空を思わせるカクテル。ラムのふくよかな香り
とブルーキュラソーの鮮やかな青をベースに、パイナップルやレモンのジュー
シーな味わい、美しく飾られたフルーツや蘭の花といったそれぞれ
の素材がひとつになり、トロピカル気分を盛り上げてくれる。

ヘミングウェイが愛したフローズンスタイルの先駆け

ホワイトラム … 45㎖
ライムジュース … 15㎖
シュガーシロップ … 10㎖

ブレンダーにクラッシュドアイス
1カップと、すべての材料を入れ
てブレンドし、シャーベット状に
なったらグラスに注ぐ。

Frozen Daiquiri

フローズン ダイキリ

ブレンド／カクテルグラス

度数　0　10　20　30　40　50

テイスト　甘　中　辛

　文豪ヘミングウェイが愛飲していたことで有名になったカクテルで、フローズンスタイルの先駆けとなった。ライムの酸みとシャーベット状の喉越しで、清涼感は満点。ちなみにヘミングウェイはシュガーシロップを抜き、ラムをダブルにして飲んでいたとか。

ラムと好相性の
ジンジャーエールの
キレ味が爽快

A｜ホワイトラム … 45㎖
　｜レモンジュース … 20㎖
　｜シュガーシロップ … 10㎖
ジンジャーエール … 適量
オレンジスライス … ½枚
レモンスライス … 1枚
マラスキーノチェリー … 1個

シェーカーに氷とAを入れて
シェークし、氷を入れたグラス
に注ぐ。冷やしたジンジャーエー
ルで満たし、軽くステアする。
ピンに刺したオレンジ、レモン、
チェリーを飾る。

Boston Cooler

ボストン クーラー

シェーク／コリンズグラス

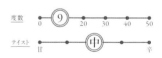

度数　0　9　20　30　40　50

テイスト　甘　中　辛

　ラムをベースにしたクーラースタイルの代表的カクテル。クーラースタ
イルとは、ベースの酒に柑橘系ジュースと炭酸飲料を加えたもの。この
カクテルは、ラムと相性のよいジンジャーエールの辛みが味わいを引き
締め、キリッと爽快に喉の渇きを潤してくれる。

南国気分満点！
トロピカル
カクテルの女王

A | ホワイトラム … 30㎖
　 | ゴールドラム … 30㎖
　 | ダークラム … 15㎖
　 | パイナップルジュース … 45㎖
　 | オレンジジュース … 30㎖
グレナデンシロップ … 15㎖
パイナップル、オレンジ、ライム、
　ミントの葉、蘭の花 … 各適量

グラスにグレナデンシロップを
入れてクラッシュドアイスを詰
め、Aを上から順に入れ、フルー
ツやミントの葉、蘭を飾る。

Mai-Tai

マイタイ

ビルド／オールドファッショングラス

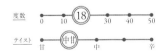

度数 0　10　⑱　30　40　50

テイスト 甘　中甘　中　辛

「トロピカルカクテルの女王」と称されるカクテル。風味や色の異なる
3種のラムを使った豊かな味わいと、色鮮やかなフルーツでデコレーショ
ンされた外見が、甘美な南国気分に浸らせてくれる。「マイタイ」とは、
ポリネシア語のタヒチ方言で「最高！」という意味。

爽やかな喉越しと
ミントの清涼感を
味わうカクテル

ホワイトラム … 45㎖
ソーダ … 少量
シュガーシロップ … 10㎖
ミントの葉 … 10〜15枚
ライム … ½個

タンブラーにソーダとミントを入れ、ミントをバースプーンなどでつぶす。ライムをしぼってから入れ、クラッシュドアイスを詰める。ラムとシロップを入れてステアし、ミントの葉を飾る。

Mojito

モヒート

ビルド／タンブラー

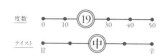

度数　0　10　⑲　30　40　50

テイスト　甘　㊥　辛

　キューバのハバナで生まれた、ミントの強く個性的な香りが魅力のカクテル。ホワイトラムをベースにミントの葉とライムを加えてソーダで割ったもの。爽やかな喉越しで口の中にミントの清涼感が広がる。このモヒートもヘミングウェイが愛したカクテルのひとつと言われている。

Tequila
Cocktail

テキーラベース

テキーラ___Tequila

テキーラは多肉植物、竜舌蘭の一種からつくられるスピリッツで、メキシコに古く（一説によると3世紀ごろ）からあった「プルケ」と呼ばれる醸造酒が、やはり竜舌蘭を原料とすることから、テキーラの原型ではないかと言われている。

16世紀の大航海時代に、メキシコを植民地化したスペイン人によって蒸留技術がもたらされ、プルケを蒸留して「メスカル」という蒸留酒がつくられた。

このメスカルが「テキーラ」と呼ばれるようになったのは、20世紀になってからのこと。1902年に植物学者のウェーバーがメスカルづくりに最適な竜舌蘭の品種として「アガベ・アスール・テキラーナ」を特定。この品種でつくったメスカルのみが「テキーラ」だと定められ、酒名としてのテキーラが誕生した。

その後、「マルガリータ」の大ブームでカクテルベースとしてのテキーラが注目され、さらにメキシコオリンピックで世界に広まって、世界4大スピリッツのひとつと言われるまでに発展した。

テキーラの種類

テキーラには、原料の違いと熟成期間の違いという2つの分類法がある。

原料では、「アガベ・アスール・テキラーナ」を51%以上使用し、メキシコの5つの州（グアナファト州、ナヤリット州、ミチョアカン州、タマウリパス州、ハリスコ州）で生産されたメスカルのみがテキーラと規定され、原料が同じでもこれらの州以外のものは「ピノス」と呼ばれる。

またテキーラは、まったく熟成を行わずに瓶詰めされるものから、1年以上じっくり寝かせたものまで、熟成期間によって「ブランコ（ホワイト）」「レポサド（ゴールド）」「アネホ」という3段階に分けて分類されている。

ブランコ（ホワイトテキーラ）
ブランコは、蒸留後の熟成はせず、すぐに瓶詰めされ出荷されるもの。液体は無色透明。香りや味わいは、熟成していないため、原料である竜舌蘭独特のシャープでスパイシーな風味が残っている。

レポサド（ゴールデンテキーラ）
蒸留後、樽で2ヶ月～1年という短期間熟成させて瓶詰めされたもの。液体は淡い金色をしている。熟成したことで青い苦みが軽減され、甘みや旨みを感じられる味わいで、飲みやすい。

アネホ
アネホとはスペイン語で「古い」という意味。1年以上、樽で熟成することが義務づけられている。青みより芳醇な樽の香りが感じられ、ブランデーに似たまろやかな風味が特徴だ。

サウザ ブルー

1873年、テキーラの父と呼ばれるドン・セノビオ・サウザが創業。ブルーは、ブルーアガベ100%の混じりけのない味わい。創業以来の味を守るシルバーはメキシコでも人気が高い。

アルコール度数：40度
750㎖／1900円(税別・参考価格)
生産国：メキシコ
問い合わせ：サントリースピリッツ

オレー テキーラ

「オレー」とは、メキシコ、スペインで闘牛などの際に使う掛け声に由来。すっきりした辛口で、フレッシュな香味とピュアな味わいを持つホワイトテキーラ。ストレートでも楽しめる。

アルコール度数：40度
750㎖／2700円(税別・参考価格)
生産国：メキシコ
問い合わせ：日本リカー株式会社

パトロン シルバー

厳選した糖度の高いブルーアガベを100%使用した、プレミアムテキーラの銘柄。シルバーは若くフレッシュなテキーラで軽やかな甘み。丸いコルク栓のふたつきボトルも特徴。

アルコール度数：40度
700㎖／オープン価格
生産国：メキシコ
問い合わせ：バカルディジャパン

クエルボ エスペシャル

1795年、ホセ・アントニオ・クエルボがハリスコ州で創業した老舗銘柄。自家農園を持ち、現在も手摘みで収穫するなど伝統を守る。レポサドのエスペシャルはまろやかでコクがある。

アルコール度数：40度
750㎖／1980円(税別・参考価格)
生産国：メキシコ
問い合わせ：アサヒビール

エラドゥーラ レポサド

1870年、フェリクス・ロペスがハリスコ州で創業。プレミアムテキーラの銘柄として知られる。レポサドは10年かけて育成したアガベを使用し、しっかりとした風味を持つ。

アルコール度数：40度
750㎖／5530円(税別・参考価格)
生産国：メキシコ
問い合わせ：アサヒビール

ドン・フリオ アネホ

1942年創業。テキーラ界のパイオニア、ドン・フリオ・ゴンザレスが時間をかけてこだわり抜いてつくりあげた銘酒。1年半以上熟成させたアネホは、天然蜂蜜のような甘さとなめらかなコクのある味わい。

アルコール度数：38度
750㎖／オープン価格
生産国：メキシコ
問い合わせ：ディアジオ ジャパン

悪魔が囁く
ミステリアスな
世界への誘い

テキーラ … 30㎖
クレームドカシス … 15㎖
ジンジャーエール … 適量
ライム … ⅙カット

タンブラーに氷とテキーラ、クレームドカシスを入れてステア。ジンジャーエールで満たして軽くステアし、ライムを飾る。

El Diablo

エル ディアブロ

ビルド／タンブラー

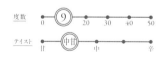

度数　0　(9)　20　30　40　50

テイスト　甘　(中甘)　中　辛

　深い赤が血の色を思わせるからか、スペイン語の「悪魔」という名のミステリアスなカクテル。しかし飲み口は爽やか。クレームドカシスの果実味と甘みを生かし、ライムとジンジャーエールで飲みやすくまとめている。むしろ、飲みすぎてしまいそう……という悪魔の囁きか。

色の変化が美しい
上品な花を
思わせるカクテル

A｜テキーラ … 30㎖
　｜ホワイトキュラソー … 10㎖
　｜オレンジジュース … 10㎖
　｜レモンジュース … 10㎖
グレナデンシロップ … 1tsp.
レモンピール … 適量

シェーカーに氷とAを入れて
シェークし、グラスに注ぐ。グ
レナデンシロップを静かに沈め、
レモンピールをしぼりかける。

Cyclamen
シクラメン
シェーク／カクテルグラス

度数　0　10　25　30　40　50

テイスト　甘　中甘　中　辛

　シクラメンの花をイメージして作られたこのカクテルは、オレンジ色が
グラスの底の赤へと変化していく色あいが美しい。テキーラにオレンジ
やレモンといった柑橘系の香りと風味を盛り込み、さらにグレナデンシ
ロップを加えて、上品な甘みと華やかさを引き出した1杯。

113

スローベリーの
甘酸っぱさを
すっきり味わう

テキーラ … 30㎖
スロージン … 15㎖
レモンジュース … 15㎖
きゅうりスティック … 1本

シェーカーに氷とテキーラ、ス
ロージン、レモンジュースを入れ
てシェークし、クラッシュドアイ
スを詰めたグラスに注ぐ。きゅう
りを添える。

Sloe Tequila

スロー テキーラ

シェーク／オールドファッションドグラス

度数　0　10　(28)　30　40　50

テイスト　甘　(中)　辛

　スロー テキーラの「スロー」は、「スローベリー（西洋すもも）」から
ついた名称。テキーラとスローベリーをジンに漬け込んだ甘酸っぱい
スロージンとの取り合わせに、クラッシュドアイスの清涼感、レモンジュー
スときゅうりのさっぱり感を加えてバランスよく仕上げている。

幻想的な色あいが
沈みゆく太陽を
思わせる

テキーラ … 30㎖
レモンジュース … 30㎖
グレナデンシロップ … 1tsp.
レモンスライス … 1枚

ブレンダーに1カップのクラッシュドアイスとテキーラ、レモンジュース、グレナデンシロップを入れてブレンドし、グラスに注ぐ。レモンを飾る。

Tequila Sunset

テキーラ
サンセット

ブレンド／オールドファッショングラス

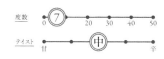

度数　⓪——⑦——20——30——40——50
テイスト　甘———●——㊥——●———辛

　朝日をイメージしたテキーラサンライズ（→ p.116）と対をなすように、沈む夕陽の名を持つ。シャーベット状の氷とピンクの色あいが幻想的だが、レモンジュースの酸みが効いていて味わいはさっぱりしている。アルコール度数も低めなので、喉を潤したい夏の夕暮れにぴったり！

燃える朝焼けを
グラスに表した
情熱のカクテル

テキーラ … 45㎖
オレンジジュース … 90㎖
グレナデンシロップ … 2tsp.
オレンジスライス … 1枚
マラスキーノチェリー … 1個

グラスに氷とテキーラ、オレンジジュースを入れて軽くステアし、グレナデンシロップを静かに沈める。ピンに刺したオレンジとチェリーを飾る。

Tequila Sunrise

テキーラ
サンライズ

ビルド／ゴブレット

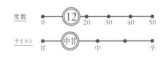

度数　0 (12) 20 30 40 50

テイスト　甘 (中甘) 中 辛

　グラスの底に沈んだグレナデンシロップを昇る朝日に見立ててこの名がついた。元はマイナーなカクテルだったが、ザ・ローリング・ストーンズのミック・ジャガーが 1972 年のメキシコ公演の際に惚れ込んで愛飲したことから、このカクテルが世界に広まった、とか。情熱的な 1 杯。

よりクールに
清涼感を味わう
マルガリータ

テキーラ … 45㎖
ホワイトキュラソー … 20㎖
レモンジュース … 15㎖
塩 … 適量

ブレンダーに1カップのクラッ
シュドアイスと、テキーラ、ホワイ
トキュラソー、レモンジュースを
入れてブレンドする。塩でスノー
スタイルにしたグラスに注ぐ。

Frozen Margarita

フローズン
マルガリータ

ブレンド／シャンパングラス（ソーサ型）

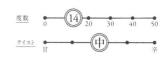

度数　0 — ⑭ — 20 — 30 — 40 — 50

テイスト　甘 — — 中 — — 辛

　マルガリータ（→ p.119）にクラッシュドアイスを加えてブレンダーにか
けた、フローズンスタイルのカクテル。シャーベット状になった冷たいレモ
ンの風味が清涼感満点。さらに、マルガリータ同様、テキーラと好相性
の塩でスノースタイルにして供することで、味わいも引き締まる。

「闘牛士」の
情熱を秘めた
爽やかな1杯

テキーラ … 30㎖
パイナップルジュース … 45㎖
ライムジュース … 15㎖

シェーカーに氷とすべての材料
を入れてシェークし、氷を入れ
たグラスに注ぐ。

Matador

マタドール

シェーク／オールドファッショングラス

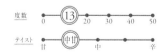

度数　0 ─ ⑬ ─ 20 ─ 30 ─ 40 ─ 50

テイスト　甘 ─ 中甘 ─ 中 ─ 辛

　マタドールはスペイン語で「闘牛士」。それも最後に牛にとどめを刺す
正闘牛士だけに与えられる称号で、その名のついたこのカクテルも主役を
張るだけの力を持った1杯だ。パイナップルとライムの爽やかでフルー
ティーな飲み口だが、その奥にテキーラらしい情熱も秘めている。

亡き恋人に捧げた
テキーラベースの
代表的なカクテル

テキーラ … 30㎖
ホワイトキュラソー … 15㎖
レモンジュース … 15㎖
塩 … 適量

シェーカーに氷とテキーラ、ホワ
イトキュラソー、レモンジュース
を入れてシェークし、塩でスノー
スタイルにしたグラスに注ぐ。

Margarita

マルガリータ

シェーク／カクテルグラス

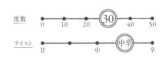

度数　0　10　20　30　40　50

テイスト　甘　中　中辛　辛

　1949 年、全米カクテルコンクールで入賞したジャン・デュレッサー氏
の作品。若くして亡くなった恋人の名をつけて捧げたという逸話もある。
バリエーションが多く生まれたが、塩でのスノースタイルとテキーラの風
味を生かした組み合わせが、このカクテルの代名詞と言える。

119

グリーンの美しさと
清々しさを
目と舌で味わう

テキーラ … 30㎖
ミントリキュール(グリーン) … 15㎖
ライムジュース … 15㎖

シェーカーに氷とすべての材料
を入れてシェークし、グラスに
注ぐ。

Mockingbird

モッキンバード

シェーク／カクテルグラス

度数　0　10　(25)　40　50

テイスト　甘　(中)　辛

　モッキンバードとは、メキシコなど、北米大陸南部に生息する"もの
まね鳥"のことだが、名前の由来は、メキシコ産のテキーラを使うから
メキシコの鳥の名をつけただけだとか。ミントリキュールのグリーンが美
しく、ライムと相まってさっぱりと清々しい味わいのカクテル。

日本の新しい未来を予感させた名作カクテル

A テキーラ … 30㎖
　　シャルトリューズ（ジョーヌ）… 20㎖
　　ライムジュース … 10㎖
マラスキーノチェリー … 1個
スロージン … 1tsp.
塩 … 適量

シェーカーに氷と**A**を入れてシェークし、塩でスノースタイルにしたグラスに注ぐ。チェリーを入れ、スロージンを静かに沈める。

Rising Sun

ライジング サン

シェーク／カクテルグラス

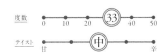

度数　0　10　20　③③　40　50

テイスト　甘　　　（中）　　　辛

1963年、「調理師法施行10周年記念カクテルコンペティション」で厚生大臣賞を受賞したカクテル。作者はパレスホテル初代チーフバーテンダーで、"ミスターマティーニ"と称された今井清氏。グラスの底のマラスキーノチェリーが昭和高度経済成長期の日の出の勢いすら思わせる。

〖 マルガリータ の バリエーション 〗

テキーラ … 30mℓ
ブルーキュラソー … 15mℓ
レモンジュース … 15mℓ
塩 … 適量

シェーカーに氷とテキーラ、ブルーキュ
ラソー、レモンジュースを入れてシェー
クし、塩でスノースタイルにしたグラス
に注ぐ。

A｜テキーラ … 20mℓ
　｜グランマルニエ … 10mℓ
　｜クランベリージュース … 20mℓ
　｜ライムジュース … 10mℓ
塩 … 適量

シェーカーに氷とAを入れてシェークし、
塩でスノースタイルにしたグラスに注ぐ。

Blue Margarita

ブルー マルガリータ

シェーク／カクテルグラス

 度数 (26) テイスト (中)

　マルガリータのレシピのホワイトキ
ュラソーを、見目麗しいブルーキュラ
ソーに替えたもの。甘い香りとともに
繊細な色あいを楽しむ。

Margarita Cosmo

マルガリータ コスモ

シェーク／カクテルグラス

 度数 (20) テイスト (中甘)

　マルガリータにオレンジキュラソ
ーの逸品グランマルニエとクランベ
リージュースを加えてアレンジ。やや
甘めでジューシーな味わい。

テキーラ …30mℓ
グランマルニエ …15mℓ
レモンジュース …15mℓ
塩…適量

シェーカーに氷とテキーラ、グランマルニエ、レモンジュースを入れてシェークし、塩でスノースタイルにしたグラスに注ぐ。

A｜テキーラ …30mℓ
　｜ホワイトキュラソー…15mℓ
　｜レモンジュース …15mℓ
　｜いちご…2〜3個
塩…適量
いちご…1個

ブレンダーに1カップのクラッシュドアイスと、Aを入れてブレンドする。塩でスノースタイルにしたグラスに注ぎ、いちごを飾る。

Grand Marnier Margarita

グラン マルニエ マルガリータ

シェーク／カクテルグラス

度数 ㉙　テイスト 中

　オレンジキュラソーの最高峰と言われるグランマルニエの豊かな香りが、マルガリータをさらに深みのある味わいに変えてくれる。

Frozen Strawberry Margarita

フローズン ストロベリー マルガリータ

ブレンド／カクテルグラス

度数 ⑪　テイスト 中

　ブレンダーで作るフローズンスタイルのバリエーション。生のいちごをたっぷり使ってフルーティーなカクテルに！

カクテル作りの方程式

自分でカクテルを作るのは難しそうと思う人も多いかもしれないが、実は、作り方は意外とシンプル。組み合わせの方程式さえ覚えてしまえば、誰でも簡単に挑戦できるのだ。まずは、基本のルールを説明する。

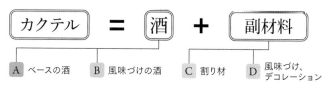

カクテル ＝ 酒 ＋ 副材料

A ベースの酒　　B 風味づけの酒　　C 割り材　　D 風味づけ、デコレーション

カクテルで使う材料は、以下の A 〜 D の4つ。この中から2つ以上の材料を組み合わせることで、カクテルとなる。

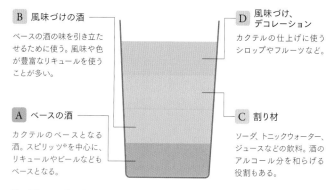

B 風味づけの酒

ベースの酒の味を引き立たせるために使う。風味や色が豊富なリキュールを使うことが多い。

D 風味づけ、デコレーション

カクテルの仕上げに使うシロップやフルーツなど。

A ベースの酒

カクテルのベースとなる酒。スピリッツ※を中心に、リキュールやビールなどもベースとなる。

C 割り材

ソーダ、トニックウォーター、ジュースなどの飲料。酒のアルコール分を和らげる役割もある。

※スピリッツ…ジン、ウオッカ、ラム、テキーラ、ウイスキー、ブランデーなどの蒸留酒のこと

《5つの方程式》　材料の組み合わせは、主に以下の5パターン。まずは基本の A + C のスタイルに挑戦してみるのがおすすめだ。

A + C　ベースの酒を炭酸飲料などで割る、一番シンプルなスタイル。アルコール度数は低め。

A + B　ベースの酒に別の酒を加えて作るスタイル。A：B＝2：1の割合が基本で、アルコール度数は高め。

A + D　ベースの酒に風味のみをつけるスタイル。マティーニなど、辛口のものが多い。

B + C　リキュールとソフトドリンクを合わせるスタイル。酒が苦手な人にもおすすめの、甘口のものが多い。

A + B + C　ベースの酒に別の酒と割り材を加え、場合によりDの副材料も加えるスタイル。A：B：C＝2：1：1の割合がベスト。

《カクテルの黄金レシピ》

アルコール度数の高いスピリッツは、酸みと甘みを加えるととても飲みやすくおいしくなるものだ。これはカクテルの定石であり、そのためベースのスピリッツ以外がまったく同じレシピのカクテルがいくつかある。

〔黄金レシピ①〕

副材料としてホワイトキュラソーとレモンジュースを加える組み合わせは、実に5つものスピリッツに共通したレシピがある。どれも定番のカクテルだ。

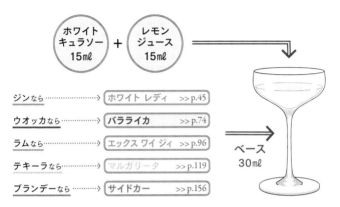

ジンなら‥‥‥‥‥‥‥‥→	ホワイト レディ　>> p.45
ウオッカなら‥‥‥‥‥‥→	バラライカ　>> p.74
ラムなら‥‥‥‥‥‥‥‥→	エックス ワイ ジィ　>> p.96
テキーラなら‥‥‥‥‥‥→	マルガリータ　>> p.119
ブランデーなら‥‥‥‥‥→	サイドカー　>> p.156

〔黄金レシピ②〕

爽やかなライムジュースは、スピリッツと高相性。ベースを変えるだけで、いくつもの定番カクテルとなる。

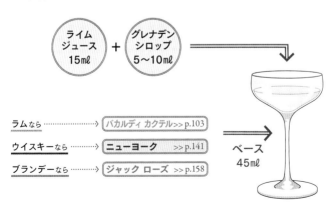

ラムなら‥‥‥‥‥‥‥‥→	バカルディ カクテル>> p.103
ウイスキーなら‥‥‥‥‥→	ニューヨーク　>> p.141
ブランデーなら‥‥‥‥‥→	ジャック ローズ　>> p.158

一目でわかるカクテルチャート30

カクテルの味わいや度数が一目でわかるチャート図がこちら。定番のスタンダードカクテル30種を集めた。Barでカクテルを注文する際や、自宅でカクテルを作る際に役立てよう。

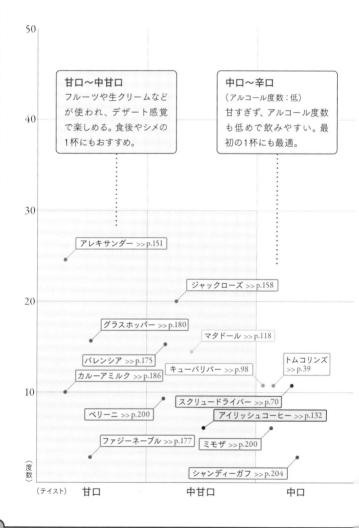

甘口～中甘口
フルーツや生クリームなどが使われ、デザート感覚で楽しめる。食後やシメの1杯にもおすすめ。

中口～辛口
（アルコール度数：低）
甘すぎず、アルコール度数も低めで飲みやすい。最初の1杯にも最適。

アレキサンダー >>p.151

ジャックローズ >>p.158

グラスホッパー >>p.180

マタドール >>p.118

バレンシア >>p.175

キューバリバー >>p.98

トムコリンズ >>p.39

カルーアミルク >>p.186

スクリュードライバー >>p.70

ベリーニ >>p.200

アイリッシュコーヒー >>p.132

ファジーネーブル >>p.177

ミモザ >>p.200

シャンディーガフ >>p.204

（度数）

（テイスト）　甘口　　　　中甘口　　　　中口

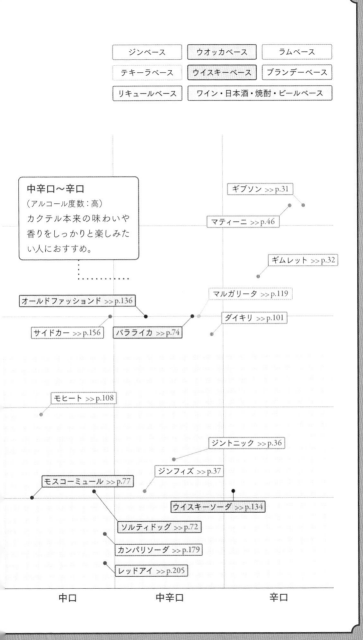

ジンベース　ウオッカベース　ラムベース
テキーラベース　ウイスキーベース　ブランデーベース
リキュールベース　ワイン・日本酒・焼酎・ビールベース

中辛口～辛口
（アルコール度数：高）
カクテル本来の味わいや
香りをしっかりと楽しみた
い人におすすめ。

ギブソン >>p.31

マティーニ >>p.46

ギムレット >>p.32

マルガリータ >>p.119

オールドファッションド >>p.136

ダイキリ >>p.101

サイドカー >>p.156　バラライカ >>p.74

モヒート >>p.108

ジントニック >>p.36

ジンフィズ >>p.37

モスコーミュール >>p.77

ウイスキーソーダ >>p.134

ソルティドッグ >>p.72

カンパリソーダ >>p.179

レッドアイ >>p.205

中口　　　　　　　中辛口　　　　　　　辛口

カクテルの主なスタイル

ロングドリンク(p.9)には、スタイルと言われる分け方がある。スタイルは、カクテル名につけられることも多いので、知っておくとカクテルの注文などに役立つだろう。

クーラー

酒にレモンやライムなどの柑橘類と甘みを加え、炭酸飲料で満たしたもの。爽やかな口当たり。

ワイン クーラー >> p.201

コリンズ

スピリッツにレモンジュースとシロップか砂糖を加え、ソーダで満たしたもの。

トム コリンズ >> p.39

サワー

スピリッツにレモンジュースとシロップか砂糖を加えてシェークしたもの。炭酸は使わない。

ウイスキー サワー >> p.133

ジュレップ

酒とミントの葉、砂糖、クラッシュドアイスをグラスに詰め、ミントをつぶしながら飲む。

ミント ジュレップ >> p.144

スリング

スピリッツにレモンジュースと甘みを加え、水かお湯で割るのが本来。現在はフィズと同様。

シンガポール スリング >> p.35

ハイボール

酒を炭酸飲料で割ったもの。日本では、ウイスキーのソーダ割りを指すことが多い。

ウイスキー ソーダ >> p.134

バック

スピリッツに果肉や果汁を加え、ジンジャーエールで満たしたもの。

ジン バック >> p.36

フィズ

スピリッツかリキュールにジュースとシロップを加えてシェークし、ソーダで満たしたもの。

バイオレット フィズ >> p.183

フローズン

クラッシュドアイスと酒などをブレンダーで砕いてシャーベット状にしたもの。

フローズン ダイキリ >> p.105

リッキー

スピリッツにカットライムを入れ、ソーダで満たしたもの。果肉をつぶしながら飲む。

ジン リッキー >> p.37

Whisky
Cocktail

ウイスキーベース

ウイスキー___Whisky

　美しい琥珀色をした香り豊かなウイスキーは、中世ヨーロッパの錬金術師たちが蒸留技術を発見し、酒づくりに応用したことで生まれた。13世紀後半、錬金術師のアルノー・ド・ヴィルヌーヴは蒸留してできた強い酒を「アクア・ヴィテ（ラテン語で“生命の水”の意）」と呼び、それがやがて不老長寿の秘薬としてヨーロッパに広まった。

　18世紀初頭、すでにスコッチウイスキーをつくっていたスコットランドがイングランドに併合された際、ウイスキーに対するイングランドの重い麦芽税に反発して麦芽以外の穀物でウイスキーをつくった。これがグレーンウイスキーになった。しかし、その後も増税は続いたため蒸留業者は密造に走り、ウイスキーを空樽に隠した。ところがこれが功を奏して、樽熟成による風味と琥珀色を生み出したと言われている。ちなみにウイスキーの語源とされるゲール語の「ウシュクベーハー」は、ラテン語の「アクア・ヴィテ」を直訳したもの。

ウイスキーの種類

　ウイスキーは、原料や製造の工程による分類と生産国による分類に大別される。原料・工程では、モルト（麦芽）だけを原料に単式蒸留機で蒸留したものを「モルトウイスキー」、モルトに加えてトウモロコシなどの穀物も原料にし、連続式蒸留機で蒸留したものを「グレーンウイスキー」、モルトウイスキーとグレーンウイスキーを混ぜあわせたものを「ブレンデッドウイスキー」と称す。

　生産国による分類は、「世界5大ウイスキー」の5つの産出国により、「スコッチウイスキー」「アイリッシュウイスキー」「アメリカンウイスキー」「カナディアンウイスキー」「ジャパニーズウイスキー」に分けられる。

スコッチウイスキー
イギリス・スコットランド地方でつくられ、ピートのスモーキーな香りが特徴。ウイスキーの元祖と言われる。

アイリッシュウイスキー
大麦麦芽、大麦、ライ麦、小麦などを原料にし、ピートは使用しない。そのため風味は軽快でまろやか。

アメリカンウイスキー
赤い色あいと香ばしい香りのバーボンはトウモロコシを主原料とする。テネシーもバーボンに分類される。

カナディアンウイスキー
トウモロコシやライ麦からつくったウイスキーをブレンドして香りをつけたもので、味わいは一番ライト。

ジャパニーズウイスキー
製法はスコッチウイスキーに近いが、スモーキーさを抑えて、バランスよく華やかな味わいになっている。

バランタイン
ファイネスト

1895年、王室御用達を受けた、スコッチウイスキーの代表的銘柄のひとつ。食料品店店主のジョージ・バランタインが、1860年代にブレンディングを始めたのがスタートとなった。

アルコール度数：40度
700㎖／1390円（税別・参考価格）
生産国：イギリス（スコットランド）
問い合わせ：サントリースピリッツ

シーバスリーガル 12年

1900年ごろに誕生したブレンデッドウイスキー。世界200以上の国と地域で販売されている、スコッチウイスキーの代表的銘柄のひとつ。12年という熟成年数を一般的にした。

アルコール度数：40度
700㎖／5126円（参考価格）
生産国：イギリス（スコットランド）
問い合わせ：ペルノ・リカール・ジャパン

ジェムソン
スタンダード

1780年、ダブリンで創業されたアイリッシュウイスキーの代表的銘柄。3回蒸留という製法で生み出される豊かな香味とスムースな味わいが特徴で、カクテルにも向く。

アルコール度数：40度
700㎖／2278円（参考価格）
生産国：イギリス（アイルランド）
問い合わせ：ペルノ・リカール・ジャパン

ワイルドターキー
スタンダード

香り高く深い味わいに仕上げるため、より低いアルコール度数での樽詰めなど、バーボンづくりに一切の妥協を許さない。伝統製法を守り続ける職人の情熱と、ケンタッキーの自然から生まれるプレミアムバーボン。

アルコール度数：40.5度
700㎖／2600円（税別・参考価格）
生産国：アメリカ
問い合わせ：CT Spirits Japan

カナディアンクラブ

カナディアンウイスキーの代表的銘柄。1856年、ハイラム・ウォーカーがカナダに蒸留所を設立。それまでにない軽やかな飲み口のウイスキーをつくって好評を博したのが始まり。

アルコール度数：40度
700㎖／1390円（税別・参考価格）
生産国：アメリカ
問い合わせ：サントリースピリッツ

竹鶴ピュアモルト

日本のウイスキーの草分け、1934年に北海道余市に蒸留所を設立したニッカの創業者、竹鶴政孝の名を冠したモルトウイスキー。深いコクとやわらかな口当たりを両立させた銘酒。

アルコール度数：43度
700㎖／4000円（税別・参考価格）
生産国：日本
問い合わせ：アサヒビール

寒冷地の空港での
心づかいが形に
なったカクテル

アイリッシュウイスキー… 30㎖
角砂糖… 1個
ホットコーヒー… 適量
ホイップクリーム… 適量

グラスに砂糖を入れ、ウイスキー、コーヒーを入れて軽くステア。ホイップクリームをフロートする。

Irish Coffee

アイリッシュ
コーヒー

ビルド／ホットグラス

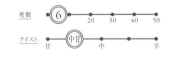

度数　6　20　30　40　50
テイスト　甘　中甘　中　辛

　一見、ただのコーヒーと見紛うが、アイリッシュウイスキーをベースにしたれっきとしたホットカクテルだ。1940年代後半、アイルランド西海岸、シャノン空港内レストランバーのチーフバーテンダーが考案。給油に立ち寄った飛行機の乗客の、冷えた体を温める飲み物として供された。

ウイスキーらしい
味わいを残しつつ
爽やかな飲み口に

ウイスキー… 45㎖
レモンジュース… 20㎖
シュガーシロップ… 10㎖
レモンスライス… 1枚
マラスキーノチェリー… 1個

シェーカーに氷とウイスキー、
レモンジュース、シュガーシロッ
プを入れてシェークし、グラス
に注ぐ。レモンとチェリーを入
れる。

Whisky Sour
ウイスキー サワー

シェーク／サワーグラス

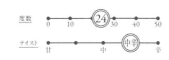

度数　0　10　24　30　40　50

テイスト　甘　中　中辛　辛

　サワーとはスピリッツに柑橘系ジュースと砂糖を混ぜたスタイルの名称
で、カクテルとしては古典的。ウイスキーの味わいを残しつつ、レモンジ
ュースと溶けあうことで口当たりのよい爽やかな飲み口になる。マラスキ
ーノチェリーのほのかな甘さも味わいのバランスに貢献している。

133

"ハイボール"の名で有名なウイスキーのソーダ割り

ウイスキー… 30〜45mℓ
ソーダ… 適量

タンブラーに氷とウイスキーを入れ、冷やしたソーダで満たし、軽くステアする。

Whisky Soda
ウイスキー ソーダ
ビルド／タンブラー

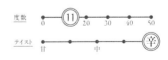

度数 ── 0 ── ⑪ ── 20 ── 30 ── 40 ── 50

テイスト ── 甘 ── 中 ── 辛

　ウイスキーをソーダで割るだけのシンプルなカクテルで、日本では別名の「ハイボール」のほうが耳馴染みがある。ウイスキーを手軽に楽しめるカジュアルなスタイルだが、ベースになるウイスキーの香りやタイプを見極め、ソーダの量をどう調節するかで、味わいも変わり、個性的にもなる。

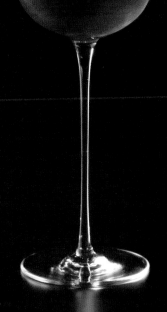

旧友とグラスを
傾けたくなる
回想のカクテル

ウイスキー… 20㎖
ドライベルモット … 20㎖
カンパリ … 20㎖

ミキシンググラスに氷とすべて
の材料を入れてステアし、グラ
スに注ぐ。

Old Pal

オールド パル

ステア／カクテルグラス

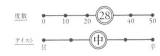

度数 |0 — 10 — 20 — (28) — 40 — 50

テイスト |甘 — (中) — 辛

　アメリカで禁酒法が施行される以前から飲まれていたという歴史あるカ
クテル。「古い仲間」「懐かしい仲間」といったネーミングからか、味わい
もウイスキーにドライベルモットのほのかな甘みとカンパリのほろ苦さが混
ざりあい、まるで古き仲間との時間を回想させる1杯のよう。

135

自分好みで楽しむ
アメリカ生まれの
古典的カクテル

バーボンウイスキー… 45㎖
アンゴスチュラビターズ…1dash
角砂糖 …1個
ソーダ …少量
マラスキーノチェリー…1個
オレンジスライス…1枚
レモンスライス…1枚

グラスに角砂糖を入れ、アンゴ
スチュラビターズを染み込ませ
る。ソーダ、氷を入れてウイス
キーを注ぎ、ピンに刺したチェ
リー、オレンジ、レモンを飾る。

Old Fashioned
オールド
ファッションド
ビルド／オールドファッショングラス

度数
0　10　20　(30)　40　50

テイスト
甘　中　(中辛)　辛

　19 世紀半ば、ケンタッキー州のバーで、競馬ファンのために作られたと
言われるカクテル。グラスの底にはラムとリンドウの根などからつくる、苦み
のあるアンゴスチュラビターズを染み込ませた角砂糖が。この崩し方でフル
ーツとの酸みと苦み、甘みを、好みで調節できる。

東洋での感謝の思いが
形になったレシピ

A ウイスキー… 30㎖
　 スイートベルモット … 10㎖
　 ホワイトキュラソー … 10㎖
　 ライムジュース … 10㎖
マラスキーノチェリー…1個

シェーカーに氷とAを入れてシェークし、グラスに注ぎ、ピンに刺したチェリーを沈める。

スコットランドの
渓谷の自然美を表現

スコッチウイスキー… 40㎖
ホワイトキュラソー… 10㎖
ライムジュース… 10㎖
ブルーキュラソー… 1tsp.

シェーカーに氷とすべての材料を入れてシェークし、グラスに注ぐ。

Oriental
オリエンタル
シェーク／カクテルグラス

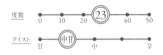

度数　0　10　20　(23)　40　50
テイスト　甘　(中甘)　中　辛

「東洋の」という意味のカクテル。昔、フィリピンで熱病にかかり現地の医師に助けられたアメリカ人が、そのお礼に贈ったとか。香草や果実の風味が口の中に広がる1杯。

King's Valley
キングス バレイ
シェーク／カクテルグラス

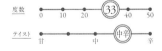

度数　0　10　20　(33)　40　50
テイスト　甘　中　(中辛)　辛

「第1回スコッチウイスキーカクテルコンクール」優勝作品で、作者はバーテンダーの上田和男氏。緑色の材料を使わずにスコットランドの渓谷を表現したグリーンが美しい。

名作映画から
生まれた濃厚な
大人の味わい

ウイスキー…45㎖
アマレット…15㎖

グラスに氷とウイスキー、アマ
レットを入れてステアする。

Godfather

ゴッドファーザー

ビルド／オールドファッショングラス

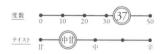

度数　0　10　20　30　37　50

テイスト　甘　中甘　中　辛

　フランシス・コッポラ監督の映画『ゴッドファーザー』公開後の 1972
年に作られたカクテル。アマレットのアーモンドの香味がウイスキーを包
む濃厚な大人の味わい。ちなみにベースをウオッカに替えると「ゴッドマ
ザー」、ブランデーに替えると「フレンチコネクション」になる。

伝説のバーテンダー
の名を冠した
王道のカクテル

A カナディアンウイスキー…45㎖
レモンジュース…20㎖
シュガーシロップ…10㎖
ソーダ…適量
オレンジスライス…½枚
レモンスライス…1枚
マラスキーノチェリー…1個

グラスに氷と**A**を入れてステア
し、ピンに刺したオレンジ、レモ
ンとチェリーを飾る。

John Collins

ジョン コリンズ

ビルド／コリンズグラス

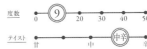

度数　0 —— ⑨ —— 20 —— 30 —— 40 —— 50

テイスト　甘 —— 中 —— 中辛 —— 辛

　19世紀ロンドンの伝説のバーテンダー、ジョン・コリンズ氏創作カク
テルのバリエーション。スピリッツにレモンジュースと甘み、ソーダを加
えたものを「コリンズ」と呼ぶが、現在はウイスキーベースのものを「ジョ
ン コリンズ」、ジンベースを「トム コリンズ」と呼ぶ。

チャーチル元首相
をイメージした
上品な風味が魅力

スコッチウイスキー… 30㎖
ホワイトキュラソー… 10㎖
スイートベルモット… 10㎖
レモンジュース… 10㎖

シェーカーに氷とすべての材料を
入れてシェークし、グラスに注ぐ。

Churchill

チャーチル

シェーク／カクテルグラス

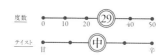

度数　0　10　20　（29）　40　50

テイスト　甘　（中）　辛

　この名は、第二次世界大戦で勝利したイギリス首相ウィンストン・チャーチルからつけられたと言われている。香り高いスコッチに甘みのあるリキュールやレモンジュースを加えた、飲みやすく上品なカクテルだ。爽やかな味わいで、食前酒として楽しむこともできる。

ニューヨークの
夜のドラマを
思わせるカクテル

ライウイスキーまたは
　　バーボンウイスキー… 45㎖
ライムジュース … 15㎖
グレナデンシロップ … 10㎖
オレンジピール … 適量

シェーカーに氷とウイスキー、ラ
イムジュース、グレナデンシロッ
プを入れてシェークし、グラス
に注ぐ。オレンジピールをしぼっ
て飾る。

New York

ニューヨーク

シェーク／カクテルグラス

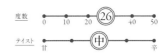

度数　0　10　20　〈26〉　40　50

テイスト　甘　〈中〉　辛

　アメリカ最大の都市の名を冠したスタイリッシュなカクテル。ベースのウ
イスキーはライかバーボンを使うが、すっきりしているのに香り高く、甘みも
ある洗練された味わいで、大都会の夜のドラマも想起させる。オレンジピー
ルのしぼり方で微妙な苦みを加えるのも味わいの奥行きになる。

美女の妖艶さ
のような
甘美な芳香を持つ

ウイスキー… 15㎖
スイートベルモット… 15㎖
チェリーブランデー… 15㎖
オレンジジュース… 15㎖

シェーカーに氷とすべての材料を
入れてシェークし、グラスに注ぐ。

Blood & Sand

ブラッド アンド サンド

シェーク/カクテルグラス

度数　　0　10　⟨24⟩　30　40　50

テイスト　甘　⟨中甘⟩　中　辛

　1922 年に公開された映画『血と砂』にちなんだカクテル。美女の心を
つかもうとする闘牛士が猛牛に敗れ、その血が熱砂を赤く染めたという映
画だからか、ウイスキー、スイートベルモット、チェリーブランデーの甘美
で濃厚な香りは、主人公を翻弄した美女の妖艶さすら思わせる。

長く世界中で
愛飲されている
カクテルの女王

バーボンウイスキーまたは
　カナディアンウイスキー… 40㎖
スイートベルモット … 20㎖
アンゴスチュラビターズ … 1dash
マラスキーノチェリー… 1個

ミキシンググラスに氷とウイス
キー、スイートベルモット、アン
ゴスチュラビターズを入れてス
テアし、グラスに注ぐ。ピンに刺
したチェリーを飾る。

Manhattan

マンハッタン

ステア／カクテルグラス

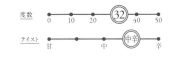

度数　0　10　20　32　40　50

テイスト　甘　中　中辛　辛

　19世紀半ばより広く愛飲されてきた定番カクテルで「カクテルの女王」とも呼ばれる。ほのかな苦みと甘みをバーボンの香ばしさが包む味わいは繊細だ。由来は諸説あるが、チャーチル元イギリス首相の母が、アメリカ大統領選応援パーティーの際のマンハッタンクラブで考案した説が有力。

競馬ファン愛飲！
ミントとバーボン
が香る爽快な1杯

バーボンウイスキー… 60㎖
ソーダ…少量
シュガーシロップ… 1tsp.
ミントの葉…適量

グラスにミントとソーダ、シュ
ガーシロップを入れ、ミントの葉
をつぶす。クラッシュドアイスを
詰めてウイスキーを注ぎ、よくス
テアし、ミントを飾りストローを
添える。

Mint Julep
ミント ジュレップ
ビルド／コリンズグラス

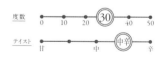

度数

| 0 | 10 | 20 | 30 | 40 | 50 |

テイスト

甘　　　　中　　　中辛　　　辛

　アメリカ南部に古くから伝わる"ジュレップスタイル"のロングカクテ
ル。ミントの香りとソーダ、クラッシュドアイスで、バーボン独特の香り
が爽やかな味わいに。アメリカ競馬三冠クラシックレースのひとつ、ケ
ンタッキーダービーの公式ドリンクとしても有名だ。

18世紀の王家の秘酒が
誘う甘美な味わい

スコッチウイスキー … 40㎖
ドランブイ … 20㎖

グラスに氷とウイスキー、ドランブイを注ぎ、ステアする。

脚本家、倉本聰氏の
オリジナルカクテル

ジャックダニエル … 55㎖
ドランブイ … 5㎖

ミキシンググラスに氷とジャックダニエル、ドランブイを入れてステアし、グラスに注ぐ。好みでミントの葉を1枚飾る。

Rusty Nail
ラスティ ネイル
ビルド／オールドファッショングラス

度数 ── 0 ── 10 ── 20 ── 30 ──(40)── 50
テイスト ── 甘 ── 中 ──(中辛)── 辛

　カクテル名は「錆びた釘」。またイギリスの俗語で「古めかしいもの」という意味も。18世紀王家の秘酒と言われるドランブイの深い甘みが、歴史の奥行きを感じさせる。

Rusty Pen
ラスティ ペン
ステア／オールドファッショングラス

度数 ── 0 ── 10 ── 20 ── 30 ──(40)── 50
テイスト ── 甘 ── 中 ──(辛)

　ラスティネイルのスコッチをジャックダニエルに替えたこのカクテルは脚本家・倉本聰氏のオリジナル。「錆びたペン」というネーミングと味わいが粋だ。

リタロードに咲く
花のような紅色

竹鶴 … 30㎖
クランベリージュース … 90㎖
ソーダ … 適量
ミントの葉 … 1枚

グラスに氷とすべての材料を入れ、
軽くステアし、ミントの葉を飾る。

スコッチで作る
マンハッタン

スコッチウイスキー … 45㎖
スイートベルモット … 15㎖
アンゴスチュラビターズ … 1dash
マラスキーノチェリー … 1個

ミキシンググラスに氷とウイスキー、
スイートベルモット、アンゴスチュラビ
ターズを入れてステアし、グラスに注
ぐ。ピンに刺したチェリーを飾る。

Rita Road
リタ ロード
ビルド／コリンズグラス

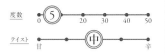

度数 5   0   20   30   40   50

テイスト 甘 中 辛

　ニッカウヰスキーの創業者・竹
鶴政孝氏と、支えたリタ夫人のロ
マンを伝えるリタロードに咲く"紅
花栃の木"をイメージした、本書監
修者・渡辺一也氏のオリジナル。

Rob Roy
ロブ ロイ
ステア／カクテルグラス

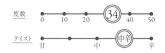

度数 34   0   10   20   40   50

テイスト 甘 中 中辛 辛

　マンハッタンのバーボンをスコ
ッチに替えたもの。名前は「赤毛の
ロバート」と呼ばれた18世紀スコ
ットランドの義賊ロバート・ロイ・
マクレガーの通称に由来。

Brandy
Cocktail

ブランデーベース

ブランデー ── Brandy

　ブランデーはワインを蒸留してつくる酒のこと。しかし、ブランデーの誕生は諸説あって定かではない。まず、ウイスキー同様に13世紀後半、錬金術師がワインを蒸留したという説がある。ほかに、16世紀、オランダの貿易商がワインの輸送効率をよくするためにワインを蒸留したという説（この蒸留酒をオランダでは「焼いたワイン」と呼んで歓迎。後の「ブランデー」という名称の語源になったとも言われる）、17〜18世紀、フランス・コニャック産のワインを在庫処分のために蒸留したら、偶然、上質の蒸留酒になったという説がある。

　誕生に至った経緯の真偽はともかく、「ブランデーといえばフランス」というのは衆目の一致するところ。ワインを蒸留してつくるのだから当然といえば当然だが、現在でもワインを生産する国の多くでブランデーはつくられている。また、ぶどうを原料とするものは「グレープブランデー」といい、そのほかの果物を原料とするものは「フルーツブランデー」と称して区別されている。

ブランデーの種類

　ブランデーは「グレープブランデー」と「フルーツブランデー」に分けられる。グレープブランデーの代表は、コニャックとアルマニャック。どちらもフランスの地名で、その地域でしか生産できない「AOC（原産地統制名称）」の適用を受けて、その名を冠している。フランス産以外のグレープブランデーは単にブランデーと呼ばれ、有名なものではイタリアのグラッパがある。

　フルーツブランデーでは、りんごを原料とした「カルバドス」やさくらんぼからつくる「キルシュ」、すもも（西洋プラム）を原料とした「ミラベル」など、生産国によってその名称はさまざまだ。

コニャック
コニャックを名乗れるのはコニャック地方2地域のブランデーのみ。2回の単式蒸留の後、樽で熟成する。

フレンチブランデー
コニャックとアルマニャック以外のフランス産ブランデーの総称でオー・ド・ヴィー・ド・ヴァンと呼ぶ。

グラッパ
ぶどうの搾りかすを使うイタリア産のブランデー。しかしマールと違い、樽熟成をしないことが多い。

アルマニャック
アルマニャック地方の規定3県で生産され、半連続式蒸留機で1回蒸留。ブラックオーク樽で熟成する。

マール
ワインをつくる際のぶどうの搾りかすを発酵させ、蒸留・樽熟成する。りんごからつくるものもある。

フルーツブランデー
カルバドスやキルシュがよく知られている。飲む以外に、ケーキなどの製菓素材としても使われる。

ヘネシー V.S

世界で一番飲まれている、コニャックの代表的銘柄のひとつ。1765年、アイルランド人のリチャード・ヘネシーがフランスに移住し創業。日本には1868年に初輸入されたと言われる。

アルコール度数：40度
700㎖／4785円（参考価格）
生産国：フランス
問い合わせ：MHD モエ ヘネシー ディアジオ

マーテルV.S シングルディスティラリー

ヨーロッパで最も販売数の多いコニャックの代表的銘柄のひとつ。1715年創業という歴史も、コニャックの中では最古を誇る。すみれの花の香りに似た華やかな香りが特徴。

アルコール度数：40度
700㎖／オープン価格
生産国：フランス
問い合わせ：ペルノ・リカール・ジャパン

カミュVSOP

フローラルなアロマが織り成す絶妙なハーモニー。ソフトでフルーティーな香りに加え、オークの香りもほんのりと漂う。

アルコール度数：40度
700㎖／6600円（税別・参考価格）
生産国：フランス
問い合わせ：アサヒビール

クルボアジェV.S.O.P.

1805年に創業したエマニュエル・クルボアジェがナポレオン1世にコニャックを献上。1869年には3世に御用達として指名された。等級に用いられるナポレオンの由来ともなった銘柄。

アルコール度数：40度
700㎖／8700円（税別・参考価格）
生産国：フランス
問い合わせ：サントリースピリッツ

シャトー ロバード V.S.O.P.

「バ・アルマニャック」と称される最高級規格品だけを生産することで知られるシャトー・ロバードの銘柄。ぶどう本来のフレーバーを大切にしながら、オーク樽の中で熟成された骨太でフルーティーな味わいが魅力。

アルコール度数：40度
700㎖／4950円（税別・参考価格）
生産国：フランス
問い合わせ：明治屋

アルザス キルシュ オードヴィ

一世紀余の歴史を持つフランス有数の酒造メーカー、ヴォルフベルジェール社が誇るアルザス至宝のキルシュ。最高品質のチェリーを伝統的な手法で、圧搾、発酵し、時間をかけて蒸留する逸品。

アルコール度数：45度
700㎖／5397円（参考価格）
生産国：フランス
問い合わせ：ドーバー洋酒貿易

アップルブランデー
の風味が香る
女性向けの1杯

アップルブランデー… 40㎖
レモンジュース … 10㎖
グレナデンシロップ…10㎖

シェーカーに氷とすべての材料
を入れてシェークし、グラスに
注ぐ。

Apple Jack
アップル ジャック

シェーク／カクテルグラス

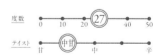

度数　0　10　20　(27)　40　50

テイスト　甘(中甘)中　辛

りんごの果汁を発酵させ、さらに蒸留してつくったアップルブランデー
を使ったカクテル。りんごのフルーティーな風味にレモンの酸みとほのか
な甘みが加わり、すっきりとした味わいに。見た目はグレナデンシロップ
がグラスを赤く彩り、女性に似合うカクテルと言えよう。

甘く香る
チョコレートケーキ
のような味わい

ブランデー… 20㎖
クレームドカカオ … 20㎖
生クリーム… 20㎖

シェーカーに氷とすべての材料
を入れてシェークし、グラスに
注ぐ。

Alexander

アレキサンダー

シェーク／カクテルグラス

度数　0　10　(26)　30　40　50

テイスト　(甘)　中　辛

　ブランデーの香りにクレームドカカオと生クリームが溶けあい、甘く滑らかな上質のチョコレートケーキのよう。イギリスの皇太子エドワード7世とデンマークのアレクサンドラ王女との結婚記念に考案されたと言われる。口当たりはよいがアルコール度数は高めなのでご用心を。

パリで生まれた
オリンピック
記念カクテル

ブランデー… 20mℓ
オレンジキュラソー… 20mℓ
オレンジジュース… 20mℓ

シェーカーに氷とすべての材料
を入れてシェークし、グラスに
注ぐ。

Olympic
オリンピック
シェーク／カクテルグラス

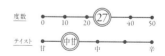

度数　0　10　20　⑳　40　50

テイスト　甘　中甘　中　辛

　1900年のパリオリンピックを記念して、ホテルリッツで創作されたと
いうフランス生まれのカクテル。キュラソーのほろ苦さとジュースの甘み
がブランデーの味わいを深める。また、すべての材料が1：1：1という
レシピは、このカクテルの変わらない黄金比とされている。

名前を裏切る
新しさがある
絶妙なバランス

A | ブランデー… 30㎖
　　| マラスキーノ… 10㎖
　　| オレンジジュース… 10㎖
　　| レモンジュース… 10㎖
砂糖…適量

シェーカーに氷と**A**を入れて
シェークし、砂糖でスノースタイ
ルにしたグラスに注ぐ。

Classic
クラシック
シェーク／カクテルグラス

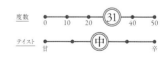

| 度数 | 0 | 10 | 20 | ㉛ | 40 | 50 |

| テイスト | 甘 | ㊥ | 辛 |

　香り立つブランデーに異なる果実系の風味と味わいの3種をミックス
したカクテル。名前に似合わない新しさが感じられるが、その組み合わ
せのバランス感は絶妙。砂糖でグラスの縁を飾るスノースタイルにして
飲むことで、もうひとつのアクセントが生まれる。

死者が蘇るほどの濃厚なインパクトを持つカクテル

ブランデー … 40㎖
カルバドス … 10㎖
スイートベルモット … 10㎖
レモンピール … 適量

ミキシンググラスに氷とブランデー、カルバドス、スイートベルモットを入れてステアし、グラスに注ぐ。レモンピールをしぼりかける。

Corpse Reviver

コープスリバイバー

ステア／カクテルグラス

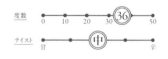

度数　0　10　20　30　(36)　50

テイスト　甘　(中)　辛

　ブランデーとカルバドス（アップルブランデー）という2種のブランデーミックスが色あいも味わいも濃厚にし、さらにスイートベルモットがふくよかさを演出。最後にしぼりかけるレモンピールが全体を引き締める。「死者を蘇らせる」という名もうなずけるほどのインパクトのある1杯。

飲み口は爽やか
にして大人の
雰囲気が楽しめる

ブランデー… 30㎖
ミントリキュール（ホワイト）… 15㎖
スイートベルモット … 15㎖

ミキシンググラスに氷とすべて
の材料を入れてステアし、グラ
スに注ぐ。

Cold Deck

コールド デック

ステア／カクテルグラス

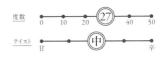

| 度数 | 0 | 10 | 20 | 27 | 40 | 50 |

| テイスト | 甘 | 中 | 辛 |

　ブランデーにミントリキュールとスイートベルモットをプラスして、口当
たりよく爽やかに仕上げるカクテル。とはいえ、ミントの清涼感に続く
風味は豊かで香り高く、カクテルグラスを彩るブランデーの琥珀色の深
みと相まって、大人の雰囲気を楽しませてくれる。

155

シェークスタイル
の基本となる
シンプルなレシピ

ブランデー… 30㎖
ホワイトキュラソー… 15㎖
レモンジュース… 15㎖

シェーカーに氷とすべての材料
を入れてシェークし、グラスに
注ぐ。

Sidecar
サイドカー

シェーク／カクテルグラス

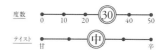

度数　0　10　20　30　40　50

テイスト　甘　中　辛

　スピリッツにホワイトキュラソー、レモンジュースを組み合わせるバリ
エーションのひとつで、シェークスタイルの基本形とされる。ブランデー
ベースのサイドカーはブランデーのコクとキュラソーの香り、レモンの酸
みが溶けあい、バランスのよいフルーティーさを堪能できる。

見た目も味わいも
華やかで贅沢な
おしゃれカクテル

A｜ブランデー… 45mℓ
　｜オレンジキュラソー… 2drop
　｜アンゴスチュラビターズ… 1dash
シャンパン…適量
砂糖…適量

シェーカーに氷とAを入れて
シェークし、砂糖でスノースタイ
ルにしたグラスに注ぐ。冷えた
シャンパンで満たす。

Chicago

シカゴ

シェーク／シャンパングラス

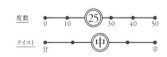

度数　0　10　25　30　40　50

テイスト　甘　中　辛

　アメリカの大都市シカゴの名を冠したカクテルで、琥珀色のグラスの
中で踊るシャンパンの泡立ちが視覚的にも華やか。ブランデーをシャン
パンのきめ細かな炭酸がすっきりした飲み口にしてくれ、スノースタイ
ルの砂糖が味わいの輪郭を作る。そんな贅沢さが楽しめる1杯だ。

157

バラ色が美しい
気品漂う
大人の味わい

カルバドス … 30㎖
ライムジュース … 20㎖
グレナデンシロップ … 10㎖

シェーカーに氷とすべての材料
を入れてシェークし、グラスに
注ぐ。

Jack Rose

ジャック ローズ

シェーク／カクテルグラス

度数　0　10　⑳　30　40　50

テイスト　甘　中甘　中　辛

　　カクテル名はアメリカ産のアップルブランデー「アップルジャック」に由来するが、近年では、フランス産のカルバドスを使うのが定石。甘酸っぱさと芳しい香り、そしてバラの花のような美しい色彩が相まって、気品のある大人の女性によく似合う、魅力的な1杯を形づくる。

爽やかなミントの
刺激とふくよかな
ブランデーの融合

ブランデー… 45㎖
ミントリキュール（ホワイト）… 15㎖

シェーカーに氷とブランデー、
ミントリキュールを入れてシェー
クし、グラスに注ぐ。

Stinger
スティンガー

シェーク／カクテルグラス

度数　0　10　20　30　35　50

テイスト　甘　　中　　中辛　辛

　20世紀初め、ニューヨークの「コロニーレストラン」で考案されたと
言われる食後酒の代表的な1杯。スティンガーとは「針」「トゲ」「皮肉」
という意味。ミントの爽やかな刺激の後からブランデーのふくよかな香
りが包む味わいは、成熟した大人のイメージとも言えよう。

桜の花に想を得た
日本生まれのカクテル

ブランデー… 20㎖
チェリーブランデー… 30㎖
オレンジキュラソー… 1tsp.
グレナデンシロップ… 1tsp.
レモンジュース… 10㎖

シェーカーに氷とすべての材料を入れてシェークし、グラスに注ぐ。

1日の疲労を取り
よい眠りへ導く1杯

ブランデー… 20㎖
オレンジキュラソー… 20㎖
アニゼット… 20㎖
卵黄… 1個分

シェーカーに氷とすべての材料を入れて十分にシェークし、グラスに注ぐ。

Cherry Blossom
チェリー ブロッサム
シェーク／カクテルグラス

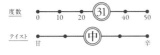

| 度数 | 0 | 10 | 20 | ③① | 40 | 50 |

| テイスト | 甘 | ㊥ | | 辛 |

大正時代、バーテンダーの田尾多三郎氏が「桜の花」をイメージして作ったカクテル。2種のブランデーとキュラソー、グレナデンの甘みがまろやかに溶けあう1杯。

Night Cap
ナイト キャップ
シェーク／カクテルグラス

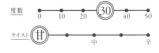

| 度数 | 0 | 10 | 20 | ③⓪ | 40 | 50 |

| テイスト | ㊙ | | 中 | 辛 |

名前の通り、就寝前に飲む「寝酒」に分類されるカクテル。アニゼットの強い香りと独特の甘みに卵黄のコクが加わり、滋養強壮や疲労回復の効果も期待できそうだ。

口の中で味わいを
完成させるカクテル

ブランデー…適量
砂糖 … 1tsp.
レモンスライス…1枚

ブランデーをグラスに注いでレモンをのせ、その上に砂糖を盛る。

甘みを生かした
蜜月の味わい

A	アップルブランデー… 30㎖
	ベネディクティンDOM … 10㎖
	オレンジキュラソー… 5㎖
	レモンジュース… 15㎖
マラスキーノチェリー… 1個

シェーカーに氷とAを入れてシェークし、グラスに注ぎ、チェリーを沈める。

Nikolaschka
ニコラシカ
ビルド／リキュールグラス

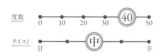

帽子を被ったようなこのカクテルは、飲み方も独特。砂糖をのせたままレモンを半分に折って口に入れてよく噛み、ブランデーを流し込んで口の中で味わいを完成させる。

Honeymoon
ハネムーン
シェーク／カクテルグラス

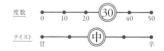

果実系の材料を混ぜあわせたフレッシュな甘さを持つレシピだが、ベネディクティンの含みの多い甘みが加わり、蜜月の甘さの中に人生の深みをも予感させるカクテル。

夜の終わりに
楽しみたい
大人のたしなみ

ブランデー… 20㎖
ホワイトラム … 20㎖
ホワイトキュラソー… 20㎖
レモンジュース … 1tsp.

シェーカーに氷とすべての材料
を入れてシェークし、グラスに
注ぐ。

Between the Sheets

ビトウィン ザ
シーツ

シェーク／カクテルグラス

度数	0	10	20	30	37	50

| テイスト | 甘 | | 中 | | | 辛 |

この名の意味は「ベッドに入って」。意味深に受け取るもよし、素直に
寝酒だと思ってもいい。どちらにせよ「いい夢を見たい」ときの1杯だ。
ただし、ブランデーにホワイトラム、ホワイトキュラソーという、香りも
アルコール度数も高いミックスなので、夢の深追いは禁物。

グラスの中の
レモンの皮が
馬の首のよう

ブランデー… 45ml
ジンジャーエール …適量
レモンの皮 … 1個分

レモンの皮をらせん状にむいて
グラスに飾り、氷とブランデーを
入れる。冷えたジンジャーエー
ルで満たし、軽くステアする。

Horse's Neck

ホーセズ ネック

ビルド／タンブラー

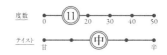

度数 ⎯●⎯⑪⎯●⎯20⎯●⎯30⎯●⎯40⎯●⎯50
0

テイスト ⎯●⎯●⎯●⎯中⎯●⎯●
甘　　　　　　　　辛

「馬の首」と言われるこのカクテルの名の由来は諸説あるが、「レモンの
皮をらせん状にむいてグラスに沈め、馬の首に見立てた」という説がわか
りやすい。ブランデーをジンジャーエールで割って軽快さを加えた飲みや
すさが魅力。アメリカ第26代大統領ルーズベルトも愛飲したとか。

163

シャンパンを使う
エキゾチックな
ロングカクテル

ブランデー…30㎖
パイナップルジュース…20㎖
シャンパン…適量
マラスキーノチェリー…1個
パイナップル…適量

グラスに氷とブランデー、パイ
ナップルジュースを入れて軽く
ステアし、冷えたシャンパンで
満たす。ピンに刺したチェリー
とパイナップルを飾る。

Moulin Rouge
ムーラン ルージュ
ビルド／コリンズグラス

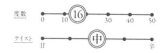

度数 　0　10　(16)　30　40　50

テイスト 　甘　　(中)　　辛

　パリ・モンマルトルにある「赤い風車」という意味の老舗キャバレー
の名を持つカクテル。パイナップルとチェリーを添えた見た目は、エキゾ
チックで華やかだ。ブランデーのコクに、甘酸っぱいパイナップルジュ
ースとシャンパンの軽快さが加わって、飲み口は重くない。

Liqueur
Cocktail

リキュールベース

リキュール ___Liqueur

　カクテルに欠かせない色彩や味わいを演出してくれるリキュール。そのバリエーションは豊富で個性も豊かだが、リキュールとは、蒸留酒にハーブやスパイス、フルーツなどで香りづけした混成酒のこと。分類の基準は国ごとに決められていて、欧米諸国では細かくアルコール度数や糖分量が規定されているが、日本の酒税法上の分類によるリキュールの定義はかなりあいまい。一般的には「蒸留酒に香味成分を加えたもの」といったイメージでとらえられている。

　リキュールの語源は、スペインの錬金術師がつくり出した「リケファセレ」(ラテン語で「溶かし込む」といった意味)という酒から来ているという説が有力。そして、さまざまな薬草のエキスを溶かし込んだリキュールは、13世紀には貴重な薬として扱われ、16世紀には「液体の宝石」「飲む香水」などと称されて貴婦人たちの注目を集めた。現在も技術の発達に伴って新しいリキュールが続々と生まれている。

リキュールの種類

　リキュールの分類は香味成分がポイントになる。フルーツのフレッシュなエキスを取り込んだ「フルーツ系」、さまざまなハーブ類や香辛料を加えて香味をつけた「ハーブ、スパイス系」、コーヒーやカカオ、杏の核などを使った「ナッツ、ビーン、カーネル(核)系」、そして、以前はアルコールとの融合が難しかった卵などの動物性成分が技術の発達によって可能になったことで生まれた「スペシャリティーズ系」の4種類に分けられる。

　こうした香味成分の違いにより、同じリキュールと称されていても、味わいや楽しみ方はさまざまで、個性豊かにカクテルを彩ってくれる。

フルーツ系
フルーツならではのフレッシュな香味を生かした、人気の高いリキュール。ベリーやトロピカルフルーツなどの果肉から成分を抽出するタイプと、柑橘系などの果皮から抽出するタイプがある。

ハーブ、スパイス系
ハーブやスパイスは、薬酒だったころのリキュールの効用を今に伝えつつ、より香り高く味わいに深みを与える役割を担っている。複雑な味わいのものもあるが、最近は苦みを抑えて飲みやすくしている。

ナッツ、ビーン、カーネル系
フルーツの種や核、コーヒーやカカオなどで香りづけをしたリキュール。ビターでありながら甘美な濃厚さが味わい。カクテルベースとしてはもちろん、製菓材料としても重宝されている。

スペシャリティーズ系
スピリッツに卵や乳製品などの動物性成分を混ぜあわせたリキュール。新しい味わいをつくる上で欠かせない存在で、今も技術革新により、新しいスペシャリティーズ系リキュールが生まれている。

マリーブリザール アプリ

厳選されたアプリコットをコニャックに浸してつくられる。設立は1755年のフランス老舗リキュール会社。薬酒づくりをきっかけにリキュールメーカーを創立した。

アルコール度数：20.5度
700㎖／2760円（税別・参考価格）
生産国：フランス
問い合わせ：日本酒類販売

サザン カンフォート

1874年、ニューオリンズのバーテンダーM.W.ヘロンによって生み出されたフルーツフレーバーリキュール。現在、世界80ヵ国以上で親しまれている。

アルコール度数：21度
750㎖／1480円（税別・参考価格）
生産国：アメリカ
問い合わせ：アサヒビール

ゴードン スロージン

イギリスのタンカレー・ゴードン社がつくりあげた正統派スロージン。イギリスで古くから親しまれるスローベリー（西洋すもも）が主原料で、フルーティーさとドライさの絶妙なバランスが魅力。

アルコール度数：26度
700㎖／オープン価格
生産国：イギリス
問い合わせ：ジャパンインポートシステム

カンパリ

1860年代、ガスパーレ・カンパリがミラノのドゥオモ広場での出店の際に提供したリキュールがはじまり。ほのかに甘くて苦いミラノ発ハーブリキュールの代表格。唯一無二のビターテイスト、鮮やかな赤色が特徴。

アルコール度数：25度
750㎖／1820円（税別・参考価格）
生産国：イタリア
問い合わせ：CT Spirits Japan

ペパーミント ジェット27

清涼感と甘みが絶妙な、ジェット27ブランドの代表的なリキュール。フランスのジェット兄弟が1760年創立の蒸留所を受け継ぎ、1796年、ランプ型のボトルを考案、人気を博した。

アルコール度数：21度
700㎖／1851円（税別・参考価格）
生産国：フランス
問い合わせ：バカルディジャパン

ボルス クレーム ド カカオ ブラウン

カカオ豆の成分を抽出してつくられたチョコレート風味の甘いリキュール。ブラウンはダークチョコレートの風味。無色でミルクチョコレート風味のホワイトもある。

アルコール度数：24度
700㎖／1740円（税別・参考価格）
生産国：オランダ
問い合わせ：アサヒビール
＊「クレームド」の呼び方についてはp.189を参照。

層が織りなす
カラフルな
色彩を楽しむ

グレナデンシロップ…⅕glass
ミントリキュール(グリーン)…⅕glass
マラスキーノ…⅕glass
シャルトリューズ(ジョーヌ)…⅕glass
ブランデー…⅕glass

グレナデンシロップから順に、グラスの⅕量ずつフロートする。

Pousse-Café
プース カフェ
ビルド/プースカフェグラス

度数　0　10　⑳25　40　50
テイスト　甘　中　辛

　数種類のスピリッツやリキュールなどを、比重の重いものから順に積み重ねていき、できた層が織りなす色彩を楽しみながら飲むムーディーなカクテル。混ぜあわせずにストローで好みの層から飲む。カクテル名の「コーヒーを押しのける」という意味から、食後酒とされている。

杏の香りを
ソーダで満たした
爽快なカクテル

A アプリコットブランデー… 30㎖
　　レモンジュース… 15㎖
　　グレナデンシロップ… 10㎖
ソーダ… 適量
オレンジスライス… ½枚
レモンスライス… 1枚
マラスキーノチェリー… 1個

シェーカーに氷と**A**を入れて
シェークし、氷を入れたグラス
に注ぐ。冷えたソーダで満たし
軽くステアし、ピンに刺したフ
ルーツを飾る。

Apricot Cooler

アプリコット
クーラー

シェーク／コリンズグラス

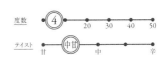

度数　●④　●　●　●　●
　　　　　20　30　40　50

テイスト　中甘
　　　　甘　　　中　　　辛

　アプリコットブランデーをベースにして作るクーラースタイルのロングド
リンク。杏の甘い香りにレモンジュースの酸みとグレナデンが加わり、
味わいと色あいを深める。ソーダで満たしたカクテルの喉越しは清涼感
があり爽快。夏の暑い日などにも飲みたい1杯だ。

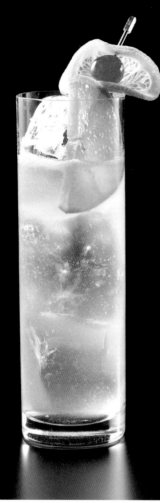

サザンカンフォート
を使った
コリンズ カクテル

サザンカンフォート … 40㎖
レモンジュース … 20㎖
7up … 適量
オレンジスライス … ½枚
レモンスライス … 1枚
マラスキーノチェリー … 1個

グラスに氷とサザンカンフォート、レモンジュース を入れてステア。冷えた7upで満たし、軽くステアし、ピンに刺したフルーツを飾る。

Georgia Collins

ジョージア
コリンズ

ビルド／コリンズグラス

度数 ⑤ 20 30 40 50

テイスト 甘 (中甘) 中 辛

　サザンカンフォートは 19 世紀にニューオリンズで誕生したフルーツフレーバーのリキュール。蜂蜜を蒸留したスピリッツにピーチやオレンジ、レモンなどの数十種類のフルーツフレーバーとハーブを加えて作られる。トムコリンズのバリエーションカクテルだ。

大ヒット映画の
ヒロイン名を
冠したカクテル

サザンカンフォート … 30㎖
クランベリージュース … 20㎖
レモンジュース … 10㎖

シェーカーに氷とすべての材料
を入れてシェークし、グラスに
注ぐ。

Scarlett O'Hara

スカーレット
オハラ

シェーク／カクテルグラス

度数　0 — ⑪ — 20 — 30 — 40 — 50

テイスト　甘 — 中甘 — 中 — 辛

　カクテル名は南北戦争時のアメリカ南部を舞台にしたマーガレット・ミッチェルの小説で、映画も大ヒットした『風と共に去りぬ』のヒロインの名前から。アメリカ南部のリキュール、サザンカンフォートを使い、情熱的な赤い色あいも波乱万丈のドラマを想起させる。

スロージンの持ち味を爽やかに味わう

A スロージン… 30㎖
レモンジュース… 15㎖
シュガーシロップ… 1tsp.
ソーダ… 適量
レモンスライス… 1枚
マラスキーノチェリー… 1個

シェーカーに氷とAを入れてシェークし、タンブラーに注ぐ。氷を入れ、冷えたソーダで満たし、軽くステアしてレモンとチェリーを飾る。

Sloe Gin Fizz

スロー ジン
フィズ

シェーク／タンブラー

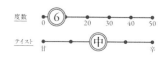

度数 ──●─(6)──●──●──●──●──●
　　 0　　20　30　40　50

テイスト ──●──●──(中)──●──●
　　　　 甘　　　　　　　　 辛

　ジンフィズのドライジンをスロージンに替えて作るカクテル。スローベリー（西洋すもも）の甘酸っぱさ香る優雅な風味のスロージンに、レモンジュースとソーダを加えてフルーツを添える。爽やかさを加えて飲みやすくしながらも、味わいは複雑。楽しみ方の幅が広がる。

個性豊かな
味わいのミックス
がつくる軽やかさ

アプリコットブランデー… 20㎖
スロージン … 20㎖
レモンジュース … 20㎖

シェーカーに氷とすべての材料
を入れてシェークし、氷を入れ
たグラスに注ぐ。

Charles Chaplin

チャーリー チャップリン

シェーク／オールドファッションドグラス

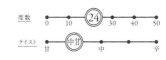

度数　0　10　24　30　40　50

テイスト　甘　中甘　中　辛

　アプリコットブランデーとスロージン、レモンジュースを同量でミック
スしたカクテル。「喜劇王」チャーリー・チャップリンの名を冠しただけ
あり、個性豊かな風味が口の中で軽やかに跳ね回るような楽しみがあ
る。飲み心地はすっきりとした甘さ。

色彩が美しい
女性に人気の
ライチカクテル

ディタ … 30㎖
ブルーキュラソー … 10㎖
グレープフルーツジュース … 45㎖

シェーカーに氷とディタ、グレープフルーツジュースを入れてシェークし、グラスに注ぐ。ブルーキュラソーを沈める。

China Blue
チャイナ ブルー
シェーク／シャンパングラス

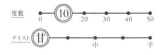

度数　0　10　20　30　40　50

テイスト　甘　中　辛

　淡いブルーのグラデーションから始まる、この美しいカクテルは、ライチをスピリッツに漬け込んだリキュール「ディタ」をベースにしたもの。ライチは唐の玄宗皇帝が寵愛した美女・楊貴妃が愛した果物として知られ、グレープフルーツの酸みと合わさり絶妙な味わいを作る。

アプリコットと
オレンジが作る
甘口カクテル

アプリコットブランデー … 40㎖
オレンジジュース … 20㎖
オレンジビターズ … 2dash

シェーカーに氷とすべての材料
を入れてシェークし、グラスに注
ぐ。

Valencia

バレンシア

シェーク／カクテルグラス

度数 ── 0 ─●─ (15) ─●─ 30 ─●─ 40 ─●─ 50

テイスト ── 甘 (中甘) 中 辛

　アプリコットとオレンジの甘くフルーティーな味わいが楽しめるカクテ
ル。この名は、オレンジの産地で知られるスペイン・バレンシア地方の
名前から。甘口で女性におすすめのカクテルだが、オレンジビターズが
加わることで、味わいがぐっと引き締まる。

ピーチの甘さを
爽やかにした1杯

ピーチリキュール … 30㎖
オレンジジュース … 30㎖
レモンジュース … 1tsp.
グレナデンシロップ … 1tsp.

シェーカーに氷とすべての材料を入れてシェークし、グラスに注ぐ。

桜の花を思わせる
上品なカクテル

桜リキュール … 20㎖
プルシア … 20㎖
グレープフルーツジュース … 20㎖

シェーカーに氷とすべての材料を入れてシェークし、グラスに注ぐ。

Peach Blossom
ピーチ ブロッサム
シェーク／カクテルグラス

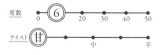

ピーチリキュールをベースにした瑞々しい甘さと風味が特徴のカクテル。オレンジとレモンの柑橘系ジュースで飲み口が爽やかになり、まるでソフトドリンクのよう。

Pink Blossom
ピンク ブロッサム
シェーク／カクテルグラス

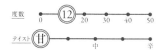

桜リキュールをベースに、南フランス産プラムリキュール「プルシア」とグレープフルーツジュースで上品にまとめた、本書監修者・渡辺一也氏のオリジナルカクテル。

ピーチ＆オレンジ
の心弾む出会い

ピーチリキュール … 30㎖
オレンジジュース … 適量
オレンジスライス … ½枚
マラスキーノチェリー … 1個

グラスに氷とピーチリキュールを入
れてステア。冷えたオレンジジュース
で満たしてステアし、ピンに刺したフ
ルーツを飾る。

ヒロイン「白蘭」
のイメージを表現

杏露酒 … 20㎖
ライチリキュール … 20㎖
グレープフルーツジュース … 20㎖
レモンジュース … 5㎖

シェーカーにすべての材料と氷を入
れてシェークし、グラスに注ぐ。

Fuzzy Navel
ファジー ネーブル
ビルド／オールドファッションドグラス

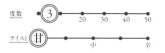

ファジーは桃の表面の産毛、ネー
ブルはオレンジを指してついた
名前とか。ピーチの甘さとオレン
ジの爽やかさで口当たりがよく、
お酒の弱い人にもおすすめ。

White Orchid
ホワイト オーキッド
シェーク／カクテルグラス

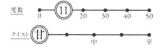

浅田次郎氏原作のミュージカル
『ラブ・レター』の記者発表時に披
露された、本書監修者・渡辺一也
氏による創作カクテル。杏露酒とラ
イチリキュールのやさしい味わい。

177

イタリアの名酒で作るバランスのよい爽快カクテル

カンパリ … 30㎖
スイートベルモット … 30㎖
ソーダ … 適量
レモンピール … 1枚

グラスに氷とカンパリ、スイートベルモットを入れステア。冷えたソーダで満たして軽くステアし、レモンピールをしぼり、グラスに入れる。

Americano

アメリカーノ

ビルド／オールドファッショングラス

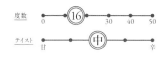

度数　16　0　30　40　50

テイスト　中　甘　辛

　アメリカーノはイタリア語で「アメリカ人」。しかし、カンパリとスイートベルモットというイタリアを代表する酒を使ったイタリア生まれのカクテルだ。香り高い味わいとほろ苦さのバランスがよく、レモンピールのさっぱり感から食前酒として飲まれることも。

世界的に知られた
カンパリカクテルの
代表格

カンパリ … 45mℓ
ソーダ … 適量
オレンジスライス … ½枚

タンブラーに氷とカンパリを入れてステア。冷えたソーダで満たして軽くステアし、オレンジを入れる。

Campari & Soda
カンパリ ソーダ
ビルド／タンブラー

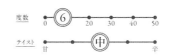

度数　⓪─⑥─20─30─40─50

テイスト　甘──中──辛

　このカクテルを考案したのはカンパリ開発者の2代目ダヴィデ・カンパリ氏とのこと。カンパリ特有のほろ苦さとほのかな甘みを生かしつつ、ソーダで割ることで清涼感をプラスした。さらにオレンジスライスで風味をアップ。世界中で飲まれているポピュラーなカクテルだ。

甘くとろりとした
デザート感覚で
楽しみたい1杯

ミントリキュール（グリーン）… 20㎖
カカオリキュール（ホワイト）… 20㎖
生クリーム … 20㎖

シェーカーに氷とすべての材料
を入れて十分にシェークし、グ
ラスに注ぐ。

Grasshopper
グラスホッパー
シェーク／カクテルグラス

| 度数 | 0 | | 15 | | 30 | 40 | 50 |

| テイスト | 甘 | | | | 中 | | 辛 |

　英語で「バッタ」を意味する名のついたこのカクテルは、ミント、カカ
オ、生クリームという異なる風味がうまく溶けあった、カクテルならでは
の醍醐味が楽しめる。味わいは、例えるならチョコミントアイスのよう。
淡いペパーミントグリーンの色あいも美しい。

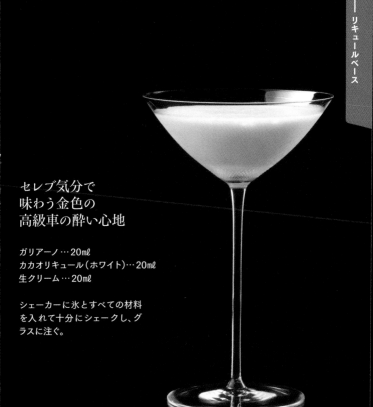

セレブ気分で
味わう金色の
高級車の酔い心地

ガリアーノ … 20mℓ
カカオリキュール（ホワイト）… 20mℓ
生クリーム … 20mℓ

シェーカーに氷とすべての材料
を入れて十分にシェークし、グ
ラスに注ぐ。

Golden Cadillac

ゴールデン
キャデラック

シェーク／カクテルグラス

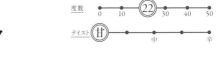

度数　●━━●━━(22)━●━━●━━●
　　　 0　 10　　　 30　40　 50

テイスト　(甘)━●━━━━●━━━●
　　　　　　　　 中　　　　辛

　グラスホッパーのミントリキュールを、イタリア生まれのガリアーノに替
えると、バッタがアメリカの高級車へと進化する。ガリアーノは、アニス
やミント、ラベンダーなど、30種類以上のハーブを原料にした美しい黄
金色のリキュール。華やかに香り立つ贅沢な味わいが楽しめる。

軽やかな喉越しを
手軽に楽しむ
爽やかカクテル

カンパリ … 30㎖
グレープフルーツジュース … 45㎖
トニックウォーター … 適量

グラスに氷とカンパリ、グレープ
フルーツジュースを入れてステ
ア。冷えたトニックウォーターで
満たし、軽くステアする。

Spumoni

スプモーニ

ビルド／コリンズグラス

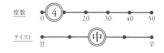

度数 ④ 0　20　30　40　50

テイスト 甘 中 辛

　イタリア語で「泡立つ」という意味の「スプマーレ」が名前の由来。カ
ンパリとグレープフルーツの苦みと酸みがトニックウォーターの気泡をま
とって、爽やかな味わいに生まれ変わる。軽やかな喉越しで飲みやすく、
手軽に味わえる人気の高いロングドリンクカクテルだ。

セクシーに香る
ニオイスミレの
複雑な味わい

A バイオレットリキュール … 30㎖
レモンジュース … 20㎖
砂糖 … 1tsp.
ソーダ … 適量
レモンスライス … 1枚
マラスキーノチェリー … 1個

シェーカーに氷と**A**を入れてシェーク
し、氷を入れたタンブラーに注ぐ。冷
えたソーダで満たし、軽くステアして
レモンとチェリーを飾る。

Violet Fizz

バイオレット
フィズ

シェーク/タンブラー

度数 　0　⑥　　20　30　40　50

テイスト 　甘　　　中　　　辛

　バイオレットリキュールは、独特の香りを持つニオイスミレを原料に、
多様なハーブ類などを配合してつくられる。セクシーな紫色から立ち上
る豊かな香りから、リキュール誕生当初の18世紀には媚薬的効果も期
待されていたとか。リキュールの持ち味が際立つカクテルだ。

シンプルながら
清涼感満点の
爽やかさ

ミントリキュール（グリーン）…30ml
ミントの葉…適量

グラスにクラッシュドアイスを
山盛りにし、ミントリキュールを
注ぎ、ミントの葉とストローを
添える。

Mint Frappe

ミント フラッペ

ビルド／ゴブレット

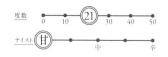

度数 | 0 10 (21) 30 40 50

テイスト | (甘) 中 辛

　氷を詰めて冷やしたグラスにミントリキュールを注ぐだけのシンプルな
レシピ。添えられたミントの葉と相まって、鮮やかなグリーンの清涼感
がグラスからストレートに伝わってくる。ストローは2本添えられている
が、これはどちらかに氷が詰まったときのため。

天使の口づけ
をイメージした
デザートカクテル

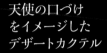

カカオリキュール … ¾glass
生クリーム … ¼glass
マラスキーノチェリー… 1個

冷えたグラスにカカオリキュールを
入れ、生クリームをフロートする。ピ
ンに刺したチェリーを飾る。

Angel's Kiss

エンジェル キッス

ビルド／リキュールグラス

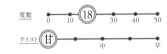

度数 　0　10　⑱　30　40　50

テイスト ㊙ ──●──●──●──●──
　　　　　　　　　　中　　　辛

　カカオリキュールを使った定番のデザートカクテル。「天使の口づけ」
を表して生クリームにのせたマラスキーノチェリーが愛らしい。ちなみに、
日本でエンジェル キッスといえばこのカクテルを指すが、海外では別レ
シピが主流。このレシピは「エンジェル ティップ」と呼ばれる。

185

カカオの風味を
爽やかに飲む

A｜カカオリキュール … 30㎖
　｜レモンジュース … 20㎖
　｜シュガーシロップ … 1tsp.
ソーダ … 適量
レモンスライス … 1枚
マラスキーノチェリー … 1個

シェーカーに氷とAを入れてシェークし、タンブラーに注ぐ。氷を入れ、冷えたソーダで満たし軽くステア。フルーツを飾る。

Cacao Fizz

カカオ フィズ

シェーク／タンブラー

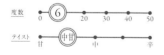

度数 ─●─⑥─●───●───●───●───●
　　　0　　10　20　30　40　50

テイスト ●─甘中甘─●───●───●───●
　　　　　甘　　　　中　　　　　辛

　カカオリキュールの香ばしい風味にレモンの酸みと冷えたソーダが加わって、ぐっと爽やかな口当たりに。マラスキーノチェリーがカカオの風味を引き立てる。

ミルクコーヒーの
ような定番カクテル

カルーアコーヒーリキュール … 45㎖
牛乳 … 適量

グラスに氷とカルーアコーヒーリキュールを入れ、牛乳をフロートする。

Kahlua & Milk

カルーア ミルク

ビルド／オールドファッショングラス

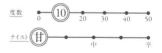

度数 ─●──⑩─●───●───●───●───●
　　　0　　10　20　30　40　50

テイスト ●─甘─●───●───●───●───●
　　　　　甘　　　　中　　　　　辛

　カルーアはアラビカ種のコーヒー豆を原料にした香り高いコーヒーリキュール。これに牛乳を入れただけというシンプルなレシピで、甘く飲みやすい人気カクテル。

大人の時間を楽しむカクテル

A グランマルニエ … 15㎖
　エスプレッソ … 30㎖
　キャラメルシロップ … 10㎖
　バニラシロップ … 5㎖
牛乳 … 45㎖

シェーカーに氷とAを入れてシェークし、シャンパングラスに注ぐ。牛乳を氷なしでシェークしフロートする。

Premier Grand Espresso

プレミア グラン エスプレッソ

シェーク／シャンパングラス

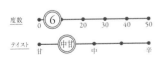

「オレンジリキュールの女王」グランマルニエをベースに、本格的なエスプレッソを使用した、京王プラザホテルのスカイラウンジ「オーロラ」のオリジナルカクテル。

アーモンドの香りとオレンジの共演

アマレット … 30㎖
オレンジジュース … 30㎖
ソーダ … 適量

グラスに氷とアマレット、オレンジジュースを入れてステア。冷えたソーダで満たし、軽くステアする。

Boccie Ball

ボッチ ボール

ビルド／コリンズグラス

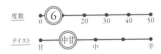

アマレットから香るアーモンドフレーバーを、オレンジジュースとソーダでフレッシュに引き立てたカクテル。喉越しがよいので、ジュース感覚で飲める。

リキュールガイド

メインのベース以外に使われる、本書に登場するリキュールを解説。リキュールではないが、ベルモットなどのワイン類も掲載した。

アニゼット

セリ科の1年草、アニスの種子を主体にしたリキュール。地中海沿岸で多くつくられている。甘みが強く、爽やかな香りを持つ。無色だが、水を加えると白濁する。グヨ社の「ボージュアニゼット」などがある。

ボージュアニゼット
（ドーバー洋酒貿易）

アプリコットブランデー

ブランデーと同様の製法のものもあるが、スピリッツにアプリコットを漬け込むリキュールもアプリコットブランデーと呼ぶ。カクテルに用いるのは後者のほうが一般的。

アンゴスチュラビターズ

ビターズの銘柄のひとつ。ラムに、リンドウの根の苦み成分などを加えたもので、苦みが特に強い。軍人向けの健胃剤として、1824年、フランス人外科医シーガート博士がベネズエラのアンゴスチュラで考案した。

アンゴスチュラ
アロマティック
ビターズ
（明治屋）

エルダーフラワーリキュール

ヨーロッパで古くからハーブとして親しまれてきた針葉樹、エルダーの花のリキュール。元祖の「サンジェルマン」が有名。

オレンジキュラソー

>> キュラソー

オレンジビターズ

>> ビターズ

カカオリキュール

カカオを使った、ココアのような香りで甘みの強いリキュール。チョコレート色のものと無色のものがある。糖分を1ℓ当たり250g以上含むものを「クレームドカカオ」と言う。

ガリアーノ

バニラ、アニス、ジュニパーベリー、シナモンをメインフレーバーにした黄金色のリキュールの銘柄。30種以上のハーブとスパイスが使われている。1896年、イタリアで生まれ、イタリア・エチオピア戦争の英雄、ガリアーノ将軍の名がつけられた。

ガリアーノ
オーセンティコ
（アサヒビール）

カルーア
コーヒーリキュール
メキシコ産のコーヒー豆でつくられるコーヒーリキュールの銘柄。

カルバドス
フランスのノルマンディー地方でつくられているりんごのブランデー。AOC（原産地統制名称）の対象で、ほかの産地のアップルブランデーは、この名は名乗れない。

カンパリ
>> p.167

キュラソー
オレンジの皮のリキュールの総称。西インド諸島の旧オランダ領・キュラソー島特産のオレンジの皮を使ったのが由来で、オランダの醸造家がつくったとされる。オレンジ色のオレンジキュラソー、無色のホワイトキュラソーがあり、オレンジは「グランマルニエ」が、ホワイトは「コアントロー」が有名。ブルー、グリーン、レッドなどもある。

グランマルニエ
オレンジキュラソーの代表的かつ最高級銘柄。厳選されたコニャックと、カリブ海諸島産のビターオレンジ「シトラスビカラディア」エッセンスをブレンドしてつくられるフランス産のリキュール。

グラン マルニエ
コルドン ルージュ
（CT Spirits Japan）

グリーンティー
リキュール
日本生まれの緑茶のリキュール。サントリーの「ヘルメスグリーンティ」などがある。

ヘルメス
グリーンティ
（サントリースピリッツ）

クレームド〜
EUの規定で、アルコール度数15度以上、糖分を1ℓ当たり250g以上含むリキュールは「クレームド（crème de）」という呼称をつけることが許される。「濃厚なクリーム状の液体」という意味で、甘さが強い。クレームドフランボワーズ（きいちご）、クレームドカカオなど多くの種類がある。

ルジェ クレーム
ド カシス
（サントリースピリッツ）

クレームドカシス
カシスのリキュールのうち、糖分を1ℓ当たり400g以上含むもの。EUの「クレームド」の規定の中でカシスのみ、糖分の基準が高い。

コアントロー
ホワイトキュラソーの代名詞的な銘柄。フランスのコアントロー社の製品。オレンジの豊かな香りが特徴。

コアントロー
（レミー コアントロー
ジャパン）

コーヒーリキュール
コーヒーのリキュール。「カルーア」が有名。

サザンカンフォート
>> p.167

桜リキュール
桜の花と葉を使った
日本生まれのリキュー
ル。桜の美しい色合い
と葉の香りが魅力。ド
ーバーの「和酒桜」な
どがある。

和酒桜
（ドーバー洋酒貿易）

シェリー
スペイン南部でつくら
れている、ワインにブ
ランデーを加えた酒精
強化ワイン。アルコール
度数は15度以上。辛
口のものを「ドライシェ
リー」と呼び、ゴンザ
レス・ビアス社の「ティ
オ・ペペ」が有名。

ティオ・ペペ
（メルシャン）

シャルトリューズ
南フランスのシャルトリューズ修道
院でつくられるハーブ
のリキュールの銘柄。
130種もの薬草、香
草が用いられており、
スーッとする風味があ
る。黄色く甘みの強い
「ジョーヌ」と、緑色で
風味が強く甘みの弱い
「ヴェール」がある。

シャルトリューズ
ジョーヌ
（ユニオンリカーズ）

杏露酒 シンルチュウ
杏の実を中国酒に漬けてつくる日
本産のリキュールの銘柄。永昌源
社の製品。

スイートベルモット
>> ベルモット

スロージン
すももの一種、スローベリーのリ
キュール。ベリー系の赤い色で風
味がよい。

チェリーブランデー
ブランデーと同様の製法のものも
あるが、スピリッツにさくらんぼを
漬け込んでつくったリキュールも
チェリーブランデーと呼ぶ。ブラン
データイプでは「キルシュヴァッ
サー」、リキュールではヒーリング
社の「ヒーリングチェリーリキュー
ル」が有名。

ディサローノ
アマレットのリキュール。
イタリア産の「ディサロー
ノ」は、1525年から変わ
らない個性と独自性を
秘めるブランド。個性的
なボトルと、杏仁の香り
とエレガントな甘味が
特徴。

ディサローノ
アマレット
（ウィスク・イー）

ディタ
ライチリキュールの銘
柄。フランスのペル
ノ・リカール社の製品。

ディタ ライチ
（ペルノ・リカール・
ジャパン）

デュボネ

ワインにキナの樹皮などを漬け込み、樽で熟成させたフランスのフレーバードワインの銘柄。アペリティフとして有名。

ドライシェリー

>> シェリー

ドライベルモット

>> ベルモット

ドランブイ

スコッチウイスキーをベースにした、イギリス生まれのリキュールの銘柄。ヒースの花の蜜やハーブなどがブレンドされており甘みが強い。

ドランブイ
（サントリー
スピリッツ）

バイオレットリキュール

「クレームドバイオレット」「パルフェタムール」など、すみれ色、あるいは青色のリキュール。ニオイスミレの香りがつけられている。柑橘類やバニラ、ハーブなどが使われており、甘みが強い。

パルフェタムール

1760年にフランスのロレーヌ地方で生まれたとされる、すみれ色のリキュール。「完全な愛」という意味で、媚薬効果がうたわれていたこともある。バイオレットリキュールのひとつ。

ボルス
パルフェタムール
（アサヒビール）

ピーチリキュール

桃のリキュール。デカイパー社の「ピーチツリー」などがある。

オリジナル・
ピーチツリー
（キリンビール）

ビターズ

植物の根や皮の成分をスピリッツやワインに漬けてつくる苦みの強いリキュール。「アンゴスチュラビターズ」と、オレンジの皮を主原料とした「オレンジビターズ」がある。

ヒプノティック

キウイ、パイン、ぶどう、パッションフルーツなどのジュースをブレンドした、水色のフルーツリキュール。2001年にアメリカで誕生した。

ヒプノティック
（バカルディジャパン）

ブルーキュラソー

>> キュラソー

プルシア

フランス産のプラムのリキュールの銘柄。ブランデーの樽に貯蔵して風味よく仕上げるのが特徴。

プラムリキュール
ド フランス
プルシア
（サントリー
スピリッツ）

ベネディクティン

フランス最古のリキュールと言われる薬草系リキュールの銘柄。1510年、ノルマンディー地方のベネディ

クト派の修道院でつくられたとされる。ブランデーに27種の薬草と、蜂蜜やシロップを加えてつくられるとされ、甘みが強い。

ベネディクティン
DOM
（バカルディジャパン）

ペルノ

アニスのリキュールの銘柄。フランス・ペルノ社の製品で、20世紀初めに幻覚作用が問題となったアブサンの代用品として誕生した。澄んだ美しい黄緑色だが、水を入れるとミルキーな黄色になる。

ペルノ
（ペルノ・リカール・ジャパン）

ベルモット

白ワインに、ハーブやスパイスをブレンドしたフレーバードワイン。赤色で甘いスイートベルモットと、無色で辛口のドライベルモットがある。イタリアの「チンザノ」「マルティーニ」、フランスの「ノイリー・プラット」が有名。

チンザノ
ベルモット ロッソ
（CT Spirits
Japan）

ノイリー・プラット
ドライ
（バカルディジャパン）

ホワイトキュラソー

>> キュラソー

マラスキーノ

マラスカ種のさくらんぼの果肉と核からつくる甘みの強いリキュール。スロベニアやクロアチアで古くからつくられていた。元祖と言われているイタリアのルクサド社の「ルクサルドマラスキーノ」が有名。マラスキーノチェリーはこれに浸したもの。

ボルス
マラスキーノ
（アサヒビール）

ミントリキュール

爽快感のあるミントのリキュール。グリーンのほか、無色、レッドがある。

メロンリキュール

日本生まれのメロンのリキュール。1978年に誕生したサントリーの「ミドリ」が有名。

リレブラン

白ワインとフルーツリキュールをブレンドして樽で熟成させた、フランス・ボルドーのフレーバードワインの高級銘柄。アペリティフワインとして有名。

ミドリ
メロンリキュール
（サントリー
スピリッツ）

問い合わせ先は、
p.219をご参照ください。

Wine and Sake and Shochu and Beer Cocktail

ワイン・日本酒・焼酎・ビールベース

ワイン＿＿Wine

　キリスト教の布教とともにヨーロッパ全域に広まったワインは、最も古い歴史を持つと言われている酒。ワインには、一般的な赤・白・ロゼだけでなく、シャンパンや発泡性のスパークリングワインがある。さらに、ワインに蒸留酒を加えたシェリーや、香草、果実、蜂蜜などで香りをつけたベルモットなどのフレーバードワインもあり、バリエーションは多い。

日本酒＿＿Sake

　米と米麹、水を原料につくられる日本酒は、『古事記』や『日本書紀』にも記述があり、平安時代にはすでに現在とほとんど変わらない製法でつくられていた、と言われている。江戸時代になって各地の酒が江戸に集まるようになり、互いに醸造技術を競う中で透明で澄んだ「清酒」が生まれた。カクテルのベースとしてはまだ珍しいが、吟醸香と言われる日本酒特有の豊かな香りが新鮮だ。

焼酎＿＿Shochu

　焼酎は、古代エジプトで生まれた蒸留技術が東南アジアから琉球（沖縄）、九州へと伝わった、日本で最も古い蒸留酒。米や麦、いも類だけでなく、ごまやそば、黒糖など、多様な原料からつくられる。種類は、「連続式蒸留焼酎」と「本格焼酎」と呼ばれる「単式蒸留焼酎」に分けられる。原料や製法で風味が変わるため、カクテルでは原料や銘柄を指定する場合が多い。

ビール＿＿Beer

　「世界で一番多く生産・消費されている酒」と言われるビールは、大麦麦芽と水、ホップを主原料につくられ、ワインについで長い歴史を持つ。ビールは、上面発酵（エール）、下面発酵（ラガー）、自然発酵といった発酵の度合いにより味わいが変わってくるため、それぞれのキャラクターを生かした組み合わせによってカクテルの楽しみを広げることができる。

琥珀色の液体の
中の絶妙な調和

ドライシェリー … 40㎖
スイートベルモット … 20㎖
オレンジビターズ … 1dash

ミキシンググラスに氷とすべての材料を入れてステアし、グラスに注ぐ。

Adonis
アドニス
ステア／カクテルグラス

度数 ●━━━━━⑮━●━━━●━━━●━━━●
　　　0　　10　　　　30　　40　　50

テイスト ●━━━━━●━━⑭━●━━━━━●
　　　　甘　　　　　　　　　　　　　辛

　独特の香りのドライシェリーと甘やかなスイートベルモットといった、ワインから作る2種の酒の特徴が絶妙に調和したカクテル。グラスを彩る琥珀色が印象的。

「愛と美の女神」の
名がつくカクテル

シャンパン … 60㎖
A｜クレームドフランボワーズ… 20㎖
　｜ローズシロップ … 20㎖
　｜ライムジュース … 10㎖
ベルローズの花びら … 1枚

グラスに冷えたシャンパンを注ぐ。シェーカーに氷とAを入れてシェークし、グラスに注ぐ。ベルローズの花びらを浮かべる。

Aphrodite
アフロディーテ
シェーク／シャンパングラス

度数 ●━━⑨━●━━━●━━━●━━━●━●
　　　0　　　10　　20　　30　　40　　50

テイスト ●━━━●━⑭●━━━●━━━━━●
　　　　甘　　　　　中　　　　　　　辛

　シャンパンとバラの香りが魅惑的なカクテル。「タレントの工藤静香さんの女性としての美しさをイメージして創作した」という本書監修者・渡辺一也氏のオリジナル。

カシスが香る定番
のワインカクテル

白ワイン … 120㎖
クレームドカシス … 10㎖

グラスに冷えた白ワインとクレームド
カシスを注ぎ、軽くステアする。

高貴で優雅な
佇まいのカクテル

シャンパン … 120㎖
クレームドカシス … 10㎖

グラスに冷えたシャンパンとクレーム
ドカシスを注ぎ、軽くステアする。

Kir

キール

ビルド／ワイングラス

Kir Royal

キール ロワイヤル

ビルド／シャンパングラス（フルート型）

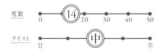

度数　⦅14⦆
0　10　20　30　40　50

テイスト　⊛中
甘　　　　　　　辛

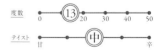

度数　⦅13⦆
0　10　20　30　40　50

テイスト　⊛中
甘　　　　　　　辛

　ワインの産地として有名なフラ
ンス・ブルゴーニュ地方で生まれ
た、ワインベースの人気ナンバー1
カクテル。白ワインにカシスの風
味が上品に溶けあう傑作だ。

　キールの白ワインをシャンパン
に替えた、ロワイヤル（王家の、高
貴な、の意味のフランス語）の名
の通りの優雅な味わい。爽やかな
発泡感から食前酒に適する。

口説き文句は
このカクテルで

シャンパン …適量
アンゴスチュラビターズ… 1dash
角砂糖 … 1個
スパイラルレモンピール … 1個

グラスに角砂糖を入れてアンゴスチュラビターズをかけ、冷えたシャンパンを注ぐ。らせん状にむいたレモンの皮を飾る。

発泡感が心地よい
爽やかカクテル

白ワイン(辛口)… 60㎖
ソーダ…適量
ライムスライス … 1枚

グラスに氷と冷えた白ワインを入れ、ソーダで満たし、ステアする。ライムを入れる。

Champagne Cocktail

シャンパン カクテル

ビルド／シャンパングラス（ソーサ型）

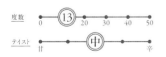

度数 ─●─(13)─●─●─●─●─●
　　0　　　20　　30　　40　　50

テイスト ─●─●─(中)─●─●
　　甘　　　　　　　　　辛

　映画『カサブランカ』で、ハンフリー・ボガート演じる主人公が「君の瞳に乾杯」と掲げたカクテル。グラスの底の角砂糖から立ち上る気泡もロマンチック。

Spritzer

スプリッツァー

ビルド／コリンズグラス

度数 ─(4)─●─●─●─●─●
　　0　10　20　30　40　50

テイスト ─●─●─●─(中辛)─●
　　甘　　　中　　　　　辛

　白ワインをソーダで割った軽快な味わいのカクテル。スプリッツァーの名はドイツ語の「シュプリッツェン（はじける）」から。見た目も口当たりも爽やかだ。

197

祝いの場を
華やかに演出する
大人のカクテル

シャンパン … 30㎖
A｜コニャック … 10㎖
｜クレームドフランボワーズ … 20㎖
｜ライムジュース … 1tsp.

グラスに冷えたシャンパンを注
ぐ。シェーカーに氷とAを入れ
てシェークし、グラスに注ぐ。

Celebration

セレブレーション

シェーク／カクテルグラス

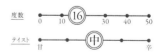

度数　0　10　16　30　40　50

テイスト　甘　中　辛

1986年の「第15回H.B.A創作カクテルコンペティション」で優勝した、
本書監修者・渡辺一也氏のオリジナル作品。シャンパンをベースにフラン
ボワーズやライムジュースで爽やかな味わいにしつつ、コニャックでアダ
ルトな深みを演出。「祝いの場」にぴったりの華やかさと高揚感がある。

竹をイメージした
横浜生まれの
辛口アペリティフ

ドライシェリー… 40㎖
ドライベルモット …20㎖
オレンジビターズ… 1dash

ミキシンググラスに氷とすべて
の材料を入れてステアし、グラ
スに注ぐ。

Bamboo

バンブー

ステア／カクテルグラス

度数

| 0 | 10 | ⑯ | 30 | 40 | 50 |

テイスト

甘　　　　中　　中辛　　辛

横浜の老舗ホテル「ホテルニューグランド」が「横浜グランド・ホテル」
の名だった時代に考案されたカクテルで、当時のチーフバーテンダー、
ルイス・エビンガー氏の考案により、"竹"をイメージして作られた。キ
リッとクリアな辛口の味わいから食前酒として人気が高い。

スパークリングと
ピーチの出会い

スパークリングワイン … ⅔glass
ピーチネクター … ⅓glass
グレナデンシロップ … 1dash

グラスにピーチネクターとグレナデンシロップを入れる。冷えたスパークリングワインを注ぎ、ステアする。

上流階級が愛した
贅沢なカクテル

シャンパン … ½glass
オレンジジュース … ½glass

グラスにオレンジジュース、シャンパンの順に注ぐ。

Bellini
ベリーニ
ビルド／シャンパングラス（フルート型）

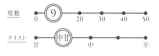

度数	⑨				
	0	10	20	30	40	50

テイスト　中甘　甘　中　辛

イタリアの老舗レストラン「ハリーズバー」で生まれたカクテル。スパークリングワインとピーチネクターの上品な甘さと香りが溶けあって、華やかな味わいをつくる。

Mimosa
ミモザ
ビルド／シャンパングラス（フルート型）

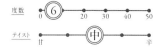

度数　⑥　0 10 20 30 40 50

テイスト　中　甘　中　辛

オレンジジュースにシャンパンをあわせた、かつてのフランス上流階級に愛されたカクテル。贅沢な取りあわせならではの味わいも絶妙。世界中で人気が高い。

好みのワインで
自由に楽しむ

A｜ワイン … 45㎖
　｜ホワイトキュラソー … 1tsp.
　｜レモンジュース … 15㎖
　｜シュガーシロップ … 10㎖
ソーダ … 適量
オレンジスライス … ½枚
レモンスライス … 1枚
マラスキーノチェリー … 1個

グラスに氷とAを入れてステア。ソーダで満たし、ピンに刺したフルーツを飾る。

Wine Cooler
ワイン クーラー
ビルド／コリンズグラス

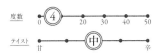

度数　0 — (4) — 20 — 30 — 40 — 50

テイスト　甘 — (中) — 辛

　ワインをベースにさまざまな材料で味わいをふくらませつつ、ソーダで割って清涼感を出したカクテル。自由度の高いカクテルで、ワインも赤、白、ロゼを問わない。

世界が注目した
和製マティーニ

日本酒 … 50㎖
ドライベルモット … 10㎖
パールオニオン … 1個
レモンピール … 1個

ミキシンググラスに氷と日本酒、ベルモットを入れてステアし、グラスに注ぐ。ピンに刺したパールオニオンを入れ、レモンピールをしぼりかける。

Saketini
サケティーニ
ステア／カクテルグラス

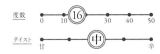

度数　0 — 10 — (16) — 30 — 40 — 50

テイスト　甘 — (中) — 辛

　マティーニのベースを日本酒に替えた和製のマティーニ。日本酒ならではの、角の取れたまろやかな味わいが加わるが、マティーニとしての辛口感も楽しめる。

日本の四季を
グラスの中に
表現したカクテル

A 日本酒 … 20㎖
　　桜リキュール … 20㎖
　　梅酒 … 20㎖
　　ライムジュース … 5㎖
　オレンジピール … 1枚
　ライムピール … 1枚

シェーカーに氷とAを入れて
シェークし、グラスに注ぐ。オレ
ンジとライムのピールを葉の形
に切り取り、浮かべる。

SHIKISAI
四季彩
シェーク／カクテルグラス

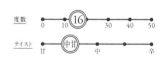

度数　0　10　(16)　30　40　50

テイスト　甘　(中甘)　中　辛

　日本酒をベースに、桜リキュールと梅酒、ライムジュースを加えた個性
的な味わいを楽しめる、日本のイメージを表現した、本書監修者・渡
辺一也氏のオリジナルカクテル。日本の素晴らしい四季折々の美しさが
グラスの中に凝縮されている。

乙女を表した
焼酎ベースの
創作カクテル

紅乙女(ごま焼酎)… 20㎖
クレームドフランボワーズ… 15㎖
ホワイトキュラソー… 10㎖
グレナデンシロップ… 10㎖
レモンジュース… 1tsp.

シェーカーに氷とすべての材料
を入れてシェークし、グラスに
注ぐ。

MAI OTOME
舞 乙女
シェーク／カクテルグラス

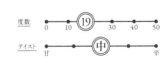

| 度数 | 0 10 (19) 30 40 50 |
| テイスト | 甘 (中) 辛 |

日本のごま焼酎「紅乙女」をベースにしたカクテルで、1984年「第13回 H.B.A 創作カクテルコンペティション」で優勝した倉吉浩二氏の作品。「春を待つ乙女」を思わせるフレッシュな果実味が立った逸品で、見た目にも鮮やかな赤い色彩が気分を高めてくれる。

203

ほろ苦さ同士が
つくるハーモニー

ビール … 適量
カンパリ … 30ml

グラスにカンパリを注ぎ、冷えたビールで満たし、軽くステアする。

イギリス定番の
ビアカクテル

ビール … ½glass
ジンジャーエール … ½glass

グラスに冷えたビールを注ぎ、冷えたジンジャーエールで満たし、軽くステアする。

Campari Beer
カンパリ ビア
ビルド／ピルスナーグラス

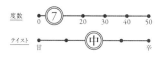

度数 ⑦ 0 20 30 40 50
テイスト 甘 中 辛

　ビールとカンパリ、タイプは違うがどちらも持つほろ苦さをうまくブレンドした味わいが不思議なハーモニーを奏でる。腰の据わった色あいだが、飲み口は爽やか。

Shandy Gaff
シャンディー ガフ
ビルド／ピルスナーグラス

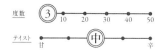

度数 ③ 10 20 30 40 50
テイスト 甘 中 辛

　ビールとジンジャーエールのカクテル。イギリスのパブで古くから飲まれてきた定番ドリンク。ビール特有のホップの苦みとしょうがのピリッとした風味を味わえる。

辛みの立った
大人のカクテル

ビール … 適量
ドライジン … 45㎖

グラスにドライジンを注ぎ、冷えた
ビールで満たし、軽くステアする。

飲みすぎにも効く
トマトの味わい

ビール … ½glass
トマトジュース … ½glass

グラスに冷えたビールを注ぎ、冷えた
トマトジュースで満たし、軽くステア
する。

Dog's Nose
ドッグズ ノーズ
ビルド／ピルスナーグラス

Red Eye
レッド アイ
ビルド／ピルスナーグラス

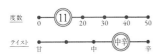

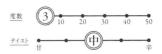

　ビールの苦みとドライジンの青
みという、辛みの立った組み合わ
せ。しかし味わいは、ジンとホップ
の風味が絡みあってほどよい刺激
をつくり、大人のビアカクテルに。

　飲みすぎた翌日の充血した赤
い目がその名になったと言われる
カクテル。低アルコールで、トマト
ジュースの酸みがかった味わい
が、ベジタブルジュースのよう。

これだけは知っておきたい
Barでの過ごし方

バーに行くのはハードルが高くて勇気がでない ...... そんな風に思っている人も多いのではないだろうか。けれどバーとは、実際はもっと気軽な場所なのだ。そこでここでは、バーを楽しむための基本的な知識や、最低限おさえておきたいマナーを紹介する。是非、バーの扉をたたいてみよう。

バーの基礎知識

そもそもバーとはどんな場所のことを指すのだろうか？　まずはバーについての基礎知識や、バーのタイプなどを知っていこう。

《バーとは》

バーとはバーテンダーがカクテルや洋酒を提供する、カウンターのある欧米風酒場のこと。さまざまな種類があるが、大きく分けて「本格バー」と「カジュアルバー」の2つに分類することができる。

本格バー
本物や正統派という意味で、「オーセンティックバー」とも呼ばれる。技術のあるバーテンダーがカクテルを提供し、重厚感のある落ち着いた雰囲気が特徴。

カジュアルバー
大人数でわいわいしたり、スポーツ観戦が楽しめたりする気軽でカジュアルな雰囲気のバー。コンセプトバーなど、さまざまなタイプのものがある。

《バーテンダーとは》

バーテンダーという名称は、バー（bar）と世話をする人（tender）が組み合わさってできたものだと言われている。酒類に対する深い知識を持ち、カクテルを作ることはもちろん、接客全般を担当する。バーテンダーにより、カクテルの味にも個性が出る。

> **"バーテンさん"と呼ぶのはNG**
> 親しみを込めてバーテンダーのことを「バーテンさん」と呼ぶ人がいるが、実はこれは失礼。バー＋フーテン（仕事をせずふらふらしている人）をかけ合わせた造語だと言われているからだ。「バーテンダーさん」などと呼びかけよう。

mini column

人気を集めるコンセプトバー

カジュアルバーのなかには、コンセプトバーと言われる、さまざまなテーマ性を持った変わり種のバーがある。若者を中心に人気を集めており、お酒＋αの要素を楽しめるので、足を運んでみるのもいいだろう。

・ミュージックバー
特定のジャンルの音楽やバンドの生演奏などを楽しめるバー。

・映画バー
スクリーンでの映画上映などを行う。映画にちなんだカクテルの提供も。

・プールバー、ダーツバー
ビリヤードやダーツを楽しめるバー。

・エンターテインメント系バー
手品、ゲーム、謎解きなどエンターテインメント要素満載のバー。

バーでのマナー&たしなみの基本

バーでの時間をより楽しくスマートに過ごすためには、最低限のマナーとたしなみを
身につけておきたいもの。店により異なるが、ここでは一般的なマナーを紹介する。

◆ 予算

店によって差はあるが、一杯1000円
程度が目安で、そこにサービス料や
テーブル・チャージ料、消費税など
が加算される。2〜3杯飲むと考え、
最低でも5000円程度は持ち合わせ
ておくとよい。

◆ 人数

本格的なバーは大人数で騒ぐ場所
ではないため、3〜4人までが妥当。
大人数でカウンターを占領しないよ
う、少人数での来店が好ましい。4人
になる場合は、テーブル席のある店
を選ぶ。

◆ 服装

カジュアルな服装でも問題ないが、それぞれのバーの雰囲気を壊すような服装は
避ける。店によってはドレスコードが設けられている場合もあるため、事前に確認
しておくと安心だ。

◆ 入店

店に入ったら入口で案内を待
つ。基本的には、勝手に座席に
座るのはNG。カウンターなど、
常連客の席が決まっていること
があるため、案内を待つほうが
トラブルを避けられる。

◆ オーダー

オーダーの際はメニューをもとに、そのときの気分やTPOに合わせてカクテルを選んで注文する。大声でバーテンダーを呼ぶのは避け、手を挙げたり、目で合図したりして呼ぶとよい。

◆ 乾杯

カクテルグラスは割れやすいため、グラスを当てて乾杯をするのは控える。グラスを軽く持ち上げて、会釈する程度がスマート。乾杯の声も小さめにし、落ち着いたトーンでの乾杯を心がける。

◆ 話し声

極端に小さな声で話す必要はないが、バーの雰囲気を壊すような大声での会話や笑い声は厳禁。周囲の客の迷惑にならないように、相手やバーテンダーに届く程度の声量を心がける。

◆ 撮影

写真や動画を撮影する際は、必ず店に確認を。撮影時は、フラッシュは避け、シャッター音なども小さめに。SNS等にアップする場合は、周囲の客が写り込まないよう、十分に配慮すること。

◆ 滞在時間

特に時間制限はないものの、長居しすぎず適度な時間で楽しむのがスマート。1時間〜1時間半の滞在で、オーダーは3杯程度がよいペースだ。長くても2時間以内に留め、飲みすぎないように注意。

◆ 会計

バーテンダーに声をかけ、まずは会計の旨を伝える。会計は店によって、カウンターやテーブルで行う場合もあれば、レジで行う場合もある。ちなみに現金、カードどちらも使えるケースが多い。

バーでの振る舞いQ&A

バーでの基本的なマナーは前頁で紹介した通りだが、ここでは、さらに気になることを本書監修の渡辺一也氏に訊いてみよう。これだけわかれば、初めてのバーもきっと怖くない。

Q1 初心者におすすめの席はある？

A.バーテンダーが作業している前のカウンター席に座っていただくと、カクテルを作る様子が見られるので、それも楽しんでいただけるかと思います。常連の方がキープしていることも多いですが、機会があれば是非。

Q2 注文に困ったときは、お任せもアリ？

A.もちろんです。バーテンダーが味やアルコール度数の好み、ショートかロングかなどをお伺いして、お客様に合ったカクテルをご提供します。好きな色など、見た目のご希望を教えていただいてもいいですよ。

Q3 お酒を飲まなくてもいいもの？

A.バーはお酒を楽しんでいただく場所ですが、もちろんソフトドリンクだけでも結構です。ノンアルコールカクテルの種類も豊富になってきていますし、お好きな飲みものを選んでいただき、お客様の楽しみ方でお過ごしください。

Q4 1杯目におすすめのカクテルは？

A.アルコール度数が低めのものがよく、私はミモザなど、シャンパンベースのカクテルをおすすめしています。また、柑橘系フルーツのカクテルも味を感じやすくしてくれるので、1杯目に最適ですよ。

Q5 どんな順番で飲むのがいい？

A.基本的には自由に飲んでいただいて構いませんが、体調のことなどを考えると、最初はアルコール度数が低めであっさりした味わい、2杯目からしっかりした味わいのものを注文していただくのがよいかと思います。

Q6 1杯にかける時間はどれくらい？

A.1杯につき20〜30分程度が目安でしょうか。コールドドリンクは冷えた状態、ホットドリンクは温かい状態で飲んでいただくと、よりカクテルの味をご堪能いただけます。もっとも、無理はせずご自分のペースをお守りください。

Q7 飾りのフルーツは食べてもいい?

A. フルーツもカクテルの一部ですので、是非召し上がってください。食べ終えたら種や皮は紙ナプキンに包んでいただき、チェリーやオリーブを刺していたピンは、紙ナプキンの上に置いておいていただけるとありがたいです。

Q8 お酒を飲みながら読書などをしてもいい?

A. お一人で来店され、読書を楽しまれる方もいらっしゃいます。お店によりますが、バーの雰囲気を壊さなければ、問題ありません。ただ、没頭しすぎてグラスがずっと空……という状態は、できれば避けていただきたいです。

Q9 バーテンダーに話しかけてもいい?

A. お客様との会話もバーテンダーの醍醐味ですから、もちろん、気軽にお声がけください。ただ、作業中や忙しい時間帯などは、ご対応が難しい場合もあります。タイミングを見つつ、話しかけていただけると嬉しいです。

Q10 バーでのNG行動はどんなこと?

A. 大声で話す、泥酔する、ほかのお客様に迷惑をかけるなど、バーの雰囲気を壊すような行動は控えていただきたいです。また、カウンターはお酒を置く場所ですので、荷物を置かないようご注意いただきたいですね。

---

mini column

カクテルのさまざまなストーリーを知ってほしい

カクテルの魅力は、独自のストーリーを背負ったものが数多くあるところ。それぞれのストーリーを知ることで、カクテルと向かい合う気持ちも変わり、味わいの深さをより感じることができるでしょう。

そのストーリーで最も有名なのは、カクテルの王様と言われる「マティーニ」です。数々の逸話、伝説で飾られたカクテルと言われ、小説や映画では、主人公がマティーニを飲む姿が心理描写に使われるなど、名脇役としても一役買っています。また多くの著名人にも愛され、イギリスのチャーチル元首相はとにかく辛いマティーニを好み、ベルモットの瓶を眺めながらストレートのジンを飲んでいたと言われています。

このように、カクテルの歴史やストーリーを知り、その背景を思い描きながら飲む味わいは、一層格別なものになると思います。星の数ほどあるカクテルの中から最良の一杯を選ぶ楽しさを知り、お酒や会話を楽しむことで、毎日の活力につながる。皆様にとって、バーがそんな場所になれば嬉しく思います。

監修・渡辺一也

監修・撮影協力

京王プラザホテル

URL：https://www.keioplaza.co.jp/
住所：東京都新宿区西新宿2-2-1
TEL：03-3344-0111（代表）

＊営業時間など、最新の情報は各店舗のHPをご確認ください。

南館2階

BRILLANT メインバー＜ブリアン＞

ウイスキーの故郷、イギリス・スコットランドから運ばれてきた煉瓦で造られた壁と、星空のようなライトが迎えてくれる、格調がありながら温かみのあるオーセンティックバー。国内外で受賞経験のあるバーテンダーによる洗練されたパフォーマンスと、世界の銘酒が堪能できる。背の高いひとりがけソファでゆったりとくつろぎながら、大人の時間に酔いしれたい。

URL：https://www.keioplaza.
co.jp/restaurant/list/brillant

ロビーフロア、フロント横に位置しながらも、時間帯を問わずくつろげる空間が広がる。

本館3階

COCKTAIL & TEA LOUNGE
カクテル＆ティーラウンジ

ガラス越しに西新宿の街路樹と街並みが広がる開放的なラウンジ。バーテンダー自慢のオリジナルカクテルはもちろん、厳選されたコーヒーや紅茶も充実。軽食やパーティープランなどもあり、昼夜どちらの顔もオールラウンドに楽しめる。

URL：https://www.keioplaza.co.jp/
restaurant/list/ct

2021年に開業50周年を迎えた新宿を代表するホテル。「都市の広場」をつくるという創業時の志のもと、文化の発展に寄与しながら、人の和をつなぐ「広場」を目指している。3店舗のオーセンティックバーに加え、レストランも充実。

落ち着いた空間はまさに大人の社交場。長年の常連客が愛する一品料理も堪能したい。

天空に手が届きそうな眺めは、息をのむ美しさ。まるでオーロラのように移り変わる空を楽しめる。

本館45階

AURORA

スカイラウンジ＜オーロラ＞

　地上160メートルから都心を一望できる、45階にある絶景のラウンジ。美しい景色とともに、数々の大会で優秀な成績を収めたトップクラスのバーテンダーが腕を振るう極上のカクテルが楽しめる。14時からのティータイムには、アフタヌーンティーの提供も。

URL：https://www.keioplaza.co.jp/restaurant/list/aurora

(初めての人も安心)

おすすめの Bar
〔街の Bar〕

ここでは都内を中心に、初心者でも安心できる街のバーをご紹介。一度扉をたたいてみれば、そこには居心地のよい空間と、おいしいカクテルが待っている。

＊掲載している情報は通常営業時のものです。最新の情報は店舗にお問い合わせください。
＊p.214〜218「おすすめのBar」リストは編集部が作成したものです。

Sanlucar BAR　サンルーカル・バー

神楽坂の地元に根付く人気のバー。マスターの人柄が表れるやさしい味のカクテルをいただけると評判だ。オーセンティックでありながら明るく開放的な内装も魅力。早い時間から営業しているのも嬉しい。

URL：https://sanlucar.jp/
住所：東京都新宿区神楽坂6-43
K's Place102
TEL：03-6228-1232
営業時間：14:00〜23:00（L.O.22:30）
定休日：月曜

MORI BAR
毛利バー

日本を代表するバーテンダーが多く在籍することで知られる銀座の老舗バー。落ち着いた雰囲気のなか、ゆっくりお酒を楽しむことができる。代名詞となっているマティーニはぜひ味わっていただきたい。

住所：東京都中央区銀座7-5-4 ラヴィアーレ銀座ビル7F
TEL：03-3573-0610
営業時間：16:00〜
定休日：日曜・祝日

Bar Cocktail Book Shinjuku
バー カクテルブック 新宿

旬の素材を活かした月替わりのカクテルがいただけるほか、希少な銘柄のウイスキーも取り扱う。気さくなマスターがつくりだす空間は居心地がよく、バー初心者や一人での来店にもおすすめだ。

URL：https://ja-jp.facebook.com/
cocktailbookshinjuku/
住所：東京都新宿区西新宿7-5-5 プラザ西新宿2F　TEL：03-5332-3075
営業時間：平日17：00～24：00（L.O.23：30）／土曜・祝日15：00～23：00（L.O.22：30）　定休日：日曜・月曜

BAR AdoniS
バー・アドニス

大理石のカウンターと"白"を基調とした店内で「エーゲ海の風」をイメージ。渋谷にいるのを忘れるような落ち着いた空間は、まさに大人の隠れ家だ。種類豊富なカクテルを堪能しながら、「風」を感じたい。

URL：https://www.bacchus-shibuya.
com/page/shop
住所：東京都渋谷区道玄坂2-23-13 渋谷DELITOWER9F
TEL：03-5784-5868
営業時間：18：00～翌2：00
定休日：なし（臨時休業あり）

BAR ORCHARD GINZA
バー オーチャード ギンザ

「ORCHARD」は果樹園の意味。季節のフルーツをテーマに、見た目から味わいまで楽しませてくれる、クリエイティブなカクテルが人気のバー。こだわりのグラスに盛られた芸術的なカクテルが堪能できる。

URL：https://ja-jp.facebook.com/
barorchardginza
住所：東京都中央区銀座6-5-16 三楽ビル7F
TEL：03-3575-0333
営業時間：18：00～23：30 (L.O.23：00)
定休日：日曜・祝日

JBA BAR
洋酒博物館

「博物館」の名にふさわしく、店内には多種多様な銘柄のボトルがぎっしりと並ぶ。マスターは数々のコンテストで受賞する実力者だが、フランクな人柄と温かみのある店の雰囲気にファンも多い。

URL：https://r.gnavi.co.jp/g087600/
住所：東京都中央区銀座6-9-13 中嶋ビル3F
TEL：03-3571-8600
営業時間：18：00～翌24：30／土曜・日曜・祝日～24：00
定休日：なし

Cocktail Bar Nemanja
カクテルバー・ネマニャ

カクテルの新しい楽しみ方を探求・発信している、知る人ぞ知る名店。さまざまな技法を使用した「ミクソロジーカクテル」に力を入れており、見た目も華やかで独創的なカクテルをいただける。

URL：https://www.bar-nemanja.com/
住所：神奈川県横浜市中区相生町1-2-1
パレカンナイ6F
TEL：045-664-7305
営業時間：18:00〜翌2:00／土曜〜23:00
定休日：日曜・祝日

BAR SAKAMOTO
バー坂本

隠れ家的な雰囲気で地元の人に愛される名店。重厚感のある外観だが、扉を開ければマスターが温かく迎え入れてくれる。マスターは数々のタイトルを受賞する実力者。好みのテイストをオーダーしてみよう。

住所：埼玉県さいたま市浦和区高砂2-3-4 パークヒルズ高砂1F
TEL：048-823-4039
営業時間：17:00〜23:30
定休日：月曜・第2、第4火曜

Main Bar OAK Room
メイン バー オーク ルーム

仙台の市街地にある本格バー。マスターは気さくな人柄ながら、有名ホテルで修業を積んだ経験があり、その実力は折り紙つきだ。店内は広々と開放感のある雰囲気で、明るい時間からお酒をいただけるのも嬉しい。

URL：https://twitter.com/mainbaroakroom
住所：宮城県仙台市青葉区中央3-10-22 第6菊水ビル4F（仙台銀座内）
TEL：022-266-0990
営業時間：15:00〜24:00／木曜18:00〜
定休日：日曜

BAR KURAYOSHI
BAR倉吉

福岡の中洲と大名に店を構える人気のバー。華やかな内装の店内でゆっくりとお酒をいただける。オーナーの倉吉浩二をはじめ、実力派のバーテンダーが多く在籍。贅沢な空間での本格サービスをぜひ味わいたい。

URL：https://www.bar-kurayoshi.com/
住所：福岡県福岡市博多区中洲2-3-1 中洲Fビル2F（中洲店）
TEL：092-283-6626
営業時間：19:00〜翌4:00
定休日：日曜・祝日

Bar 'Pippin'
バー ピピン

奈良県・新大宮の駅前に位置するオーセンティックバー。レコードの流れる店内は居心地がよく、時間を忘れてしまうほどだ。世界3位に輝いた経験を持つマスターによる、まろやかなカクテルが絶品だと評判。

URL：https://www.facebook.com/
pages/category/Cocktail-Bar/
Bar-Pippin-106900113990716/
住所：奈良県奈良市大宮町5-3-20 アクシスビル1F　TEL：0742-93-5632
営業時間：18:00〜翌3:00
定休日：日曜

Bar Rose Bouquet
バー ローズブーケ

神戸・三宮駅からほど近い、カウンターメインの名店。全国大会で優勝したオリジナルカクテルをいただけるほか、限定のモルトウイスキーも取り扱う。磨き上げられたマスターの技と、知識量は圧巻だ。

住所：兵庫県神戸市中央区下山手通
2-16-8 新興ビル2F
TEL：078-391-9585
営業時間：18:00〜翌4:00
定休日：日曜

BAR TAKEUCHI
バー竹内

2009年にオープンした、札幌駅北口唯一のオーセンティックバー。スタンダードからオリジナルカクテル、またシングルモルトを中心に希少ウイスキーも多数取り扱う。女性一人でも安心して利用できる。

URL：https://bar-4423.business.site/
住所：北海道札幌市北区北8条西4-20-
1 バロンドールB1F
TEL：011-726-6600
営業時間：18:00〜翌1:00（L.O.24:40）
定休日：月曜

BAR MADURO
バー マデューロ

季節の果実をふんだんに使ったオリジナルカクテルは「飲むエステカクテル」とも評されるほどで、女性の間で大人気。落ち着きのある店内で、すすきのの夜景を眺めながらお酒をいただくことができる。

URL：https://bar-maduro.com/
住所：北海道札幌市中央区南4条西2-14-
2 セントラルS4ビル7F
TEL：011-211-4467
営業時間：19:00〜翌2:00
定休日：なし（季節により異なる）

［モクテルが楽しめるBar］

モクテルとは、真似たという意味のmockとcocktailを組み合わせた造語で、ノンアルコールカクテルの新しい呼び方。お酒が苦手な人でも、バーの雰囲気を楽しめる。

The SG Club　エスジークラブ

地下～2階に構える3フロアでそれぞれ違った顔を持つバー。1階の「Guzzle」は"気軽に飲む"という意味の店名にふさわしく、自家製ノンアルコールジンなどを使ったこだわりのモクテルが充実。ヴィンテージ感溢れる空間も心地よく、テイクアウト可能なのも新しい試みだ。

URL：https://www.facebook.com/thesgclub
住所：東京都渋谷区神南1-7-8
TEL：03-6427-0204
営業時間：17:00～翌3:00
定休日：不定休（年始のみ）

LOW-NON-BAR　ローノンバー

日本初となるローアルコールとモクテルの専門店。バーの雰囲気にこだわり、ノンアルコールながらも独創的なモクテルが頂ける。お酒はあまり飲めないが、バーの雰囲気を味わいたいという人にもおすすめだ。

URL：http://orchardknight.com/bar/low-non-bar
住所：東京都千代田区神田須田町1-25-4
マーチエキュート神田万世橋S10
TEL：03-4362-0377
営業時間：14:00～23:00
定休日：施設の休館日に準ずる（月一回）

問い合わせ先一覧

○アサヒビールお客様相談室　📞0120-011-121
○アサヒ飲料お客様相談室　📞0120-328-124
○ウィスク・イー　☎03-3863-1501
○キリンビールお客様相談室　📞0120-111-560
○サントリーお客様センター　📞0120-139-310
○三陽物産　☎06-6352-1121
○CT Spirits Japan　☎03-5856-5815
○ジャパンインポートシステム　☎03-3516-0311
○コカ・コーラお客様相談室　📞0120-308509
○ドーバー洋酒貿易　☎03-3469-2111
○日本酒類販売　☎03-4330-1700
○日本リカー　☎03-5643-9780
○バカルディ ジャパン　☎03-5843-0660
○ペルノ・リカール・ジャパンお客様相談室　☎03-5802-2756
○明治屋お客様相談室　📞0120-565-580
○メルシャンお客様相談室　📞0120-676-757
○MHD モエ ヘネシー ディアジオ　☎03-5217-9777
○ユニオンリカーズ　☎03-5510-2684
○リードオフジャパンお客様相談室　📞0120-678-797
○レミー コアントロー ジャパン　☎03-6441-3030

参考文献

『カクテル完全バイブル』渡辺一也監修（ナツメ社）
『バーテンダーパーフェクトガイド』渡辺一也監修（ナツメ社）
『カクテルテクニック』上田和男（柴田書店）
『カクテル＆スピリッツの教科書』橋口孝司（新星出版社）
「Liqueur & Cocktail」サントリーHP

50音順索引

アルコール度数順索引

度数

監修

渡辺一也（京王プラザホテル）

京王プラザホテル料飲部エグゼクティブ アドバイザー。日本ホテルバーメンズ協会（H.B.A.）名誉顧問。1986年、カクテル「セレブレーション」でH.B.A.主催の創作カクテルコンペティション優勝。2005年、東京都優秀技能者（東京マイスター）知事賞受賞。2011年には現代の名工に表彰され、2012年には黄綬褒章を受章。カクテルを通して飲酒文化の発展に努め、シャンパーニュ騎士団シュヴァリエにも叙任されている。

撮影協力	京王プラザホテル バーテンダー／鈴木克昌、髙野勝矢
装丁・デザイン	髙橋克治（eats & crafts）
撮影	西山 航（株式会社世界文化ホールディングス）
イラスト	桔川 伸
執筆協力	重松貢一郎
校正	株式会社円水社
DTP製作	株式会社明昌堂
取材協力	庄司 浩（一般社団法人 日本ホテルバーメンズ協会）
編集	株式会社チャイハナ 丸井富美子（株式会社世界文化ブックス）

※本書は『基本のカクテル手帖』（2017年刊）の内容を改訂、新規ページを加えた新版です。

新版 厳選カクテル＆Bar手帖

発行日	2021年11月10日　初版第1刷発行

監修	渡辺一也（京王プラザホテル）
発行者	竹間 勉
発行	株式会社世界文化ブックス
発行・発売	株式会社世界文化社 〒102-8195　東京都千代田区九段北4-2-29 ☎03（3262）5118（編集部） ☎03（3262）5115（販売部）
印刷・製本	凸版印刷株式会社

p.214〜218「おすすめのBar」リストは編集部が作成したものです。
本書編集ページに掲載されている情報は2021年9月30日現在のもので、諸事情により変更される場合がございます。あらかじめご了承ください。
紹介している商品はすべて税込み価格となります。